Der Sternenwagen

Quellenangaben am Ende des Bandes

Printed in Germany

Der Sternenwagen

24 Adventstage in Geschichten, Gedichten und Liedern,
geschrieben und zusammengestellt von Katrin Arnold
mit Illustrationen von Birgit Lehmann

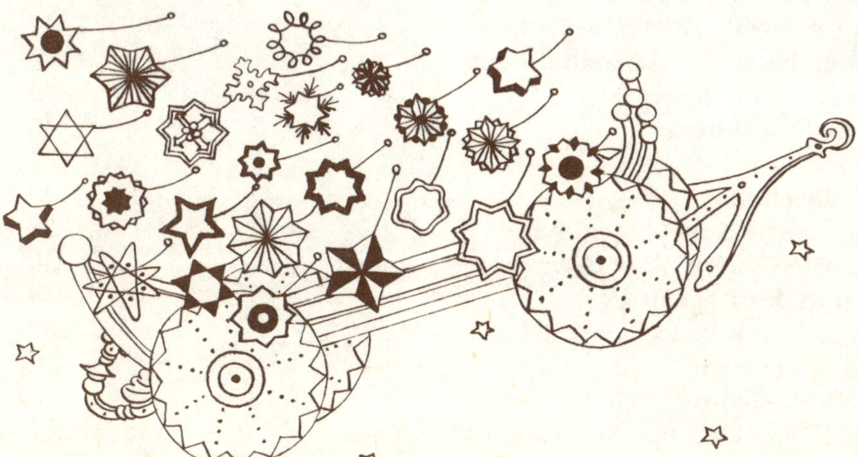

ellermann

			Seite
		Warum der Sternenwagen zu den Kindern kommt	6
1	☆	**Der Sternenwagen**	8
2	✳	**Es ist für uns eine Zeit angekommen**	10
		Laßt die Glocken klingen	10
		Es ist für uns eine Zeit angekommen	11
		Leise rieselt der Schnee	12
3	☆	**Drei gläserne Kugeln**	13
		Der goldene Schlüssel *Brüder Grimm*	13
		Unter dem Schornstein *Rudolf Kinau*	14
4	✷	**Barbaratag**	18
		Am 4. Dezember *Josef Guggenmos*	19
5	✡	**Adventskalender selber machen**	20
6	✹	**Äpfel, Nuß und Mandelkern**	22
		Knecht Ruprecht *Theodor Storm*	24
		Dich rufen wir, Sankt Nikolaus! *Josef Guggenmos*	25
		Wiehnachtsmann	25
7	✡	**Fahrt zum Christkindlmarkt**	26
8	✡	**Adventsstunde bei uns zuhaus**	29
		Herzlich willkommen bei uns zuhaus!	29
		Auf der Ofenbank *Günter Goepfert*	31
9	✡	**Im gelben Netz ein Meisenbällchen**	32
		Es schneit *Katrin Arnold*	32
10	⬡	**Heute ist Sternentag**	34
		Bastelvorschläge	34
11	✺	**Vom Wünschen**	36
		Das arme reiche Kind *Katrin Arnold*	37
		Was du teilen kannst *Max Bolliger*	38
12	✹	**Daheim in der Backstube**	39
		Was Benjamin am besten backen kann	39
		Plätzchen verzieren	40
		Was Nina am liebsten mag	41
		Das Lieblingsgebäck von Mattis sind Makronen	41

		Seite
13	**Die Weihnachtsmaus und andere Gedichte**	42
	Wißt ihr noch, wie es geschehen? *Hermann Claudius*	43
	Die Weihnachtsmaus *James Krüss*	44
	Heilige Nacht *Ludwig Thoma*	46
	Was unter dem Weihnachtsbaum liegt *Max Bolliger*	47
	Und wer es mit dem Kinde wagt	47
	Kaschubisches Weihnachtslied *Werner Bergengruen*	48
14	**Alle helfen mit beim Weihnachtsbazar**	49
15	**Vom Schenken und Verpacken**	52
16	**Kalender für das neue Jahr**	54
17	**Weihnachtsgrüße aus fremden Ländern**	56
18	**Als Papa so alt war, wie Mattis jetzt ist**	58
	Falsche Marzipankartoffeln	58
	Das Christkind ist gerecht *Jochen G. Schulz*	59
19	**Spiele und Rätsel**	63
	Minispiele basteln	63
	Sterne fangen	64
	Rätselnüsse	65
20	**Die wandernde Krippe**	66
	Wer klopfet an?	67
	Joseph, lieber Joseph mein	69
	Anleitung zum Krippe bauen	70
21	**Die Weisen aus dem Morgenland**	71
	Der Wunderstern *Wilhelm Busch*	71
	Babuschka und die drei Könige *Paul Schaaf*	72
22	**Überall auf den Tannenspitzen**	74
23	**Morgen, Kinder, wird's was geben**	77
	Morgen, Kinder, wird's was geben	78
	Maria durch ein' Dornwald ging	79
24	**Das Geheimnis des Sternenwagens**	80
	Das Weihnachtsevangelium	82
	O du fröhliche	83

Für meine Mutter –
mit zärtlichem Dank

Warum der Sternenwagen zu den Kindern kommt

Ein kleines Familienbuch für die Weihnachtszeit soll unser »Sternenwagen« sein. Von 24 Tagen im Dezember wird erzählt. An jedem Tag erleben die Kinder etwas Besonderes – bis der Heilige Abend da ist.
In Wirklichkeit dauert die Adventszeit manchmal mehr und manchmal weniger als 24 Tage, je nachdem, auf welches Datum der erste Adventssonntag fällt. Die Kinder, die den Sternenwagen zu Hause haben, können sich aussuchen, welcher Tag für sie Sonntag sein soll, an welchen Tagen sie backen, singen oder basteln, und wann sie Adventsstunde machen wollen.
In unserer Familie wird seit meiner Kinderzeit Adventsstunde gefeiert. Adventsstunde und Sternenwagen hat sich meine Mutter ausgedacht, und ich möchte die Freude, die sie ihren eigenen Kindern und Enkelkindern damit bereitete, weitergeben an möglichst viele andere Kinder.
Durch den Sternenwagen erfahren wir immer wieder, daß die Vorfreude auf Weihnachten genauso wichtig ist wie das Fest selber. Und daß die schönsten Geschenke nicht zu kaufen sind: das Geheimnis zu wahren, sich an Lichtern und Sternen zu freuen und auf die frohe Botschaft zu hören – ein Leben lang.

Katrin Arnold

Sternenwagen,
Sternenwagen,
dein Weg zu uns
war weit.
Du leuchtest uns
in diesen Tagen
durch eine
dunkle Zeit.

1 Der Sternenwagen

Advent ist ein Wort aus dem Lateinischen und bedeutet: Ankunft. Die Adventszeit beginnt mit dem vierten Sonntag vor Weihnachten und bereitet die Ankunft von Jesus Christus vor, dessen Geburt am 24. Dezember gefeiert wird.

Im Advent ist die Wohnung wunderbar verwandelt bei Nina, Mattis und Benjamin. Auf dem Tisch im Wohnzimmer steht der Adventsleuchter mit vier Kerzen. Die Wände sind geschmückt mit Tannengrün und vergoldeten Mistelzweigen. Und in der Diele über der Kommode hängt der Sternenwagen an der Wand, voll beladen mit glitzernden Päckchen. Darüber freuen die Kinder sich besonders.
»Der Sternenwagen ist vom Himmel herab zu euch geflogen und bringt für jeden Tag eine Überraschung in der Weihnachtszeit. Doch nicht nur eine Überraschung wird in jedem Päckchen sein, sondern täglich auch ein glänzender Stern. Die Sterne hängt ihr statt der Päckchen an den Sternenwagen. Je näher Weihnachten kommt, desto weniger Päckchen werdet ihr haben – aber dafür immer mehr Sterne. Und jeder Stern ist eine kleine Freude, und alle kleinen Freuden werden zu der großen Freude ›Weihnachten‹. Am Heiligabend fliegt der Sternenwagen zum Himmel zurück – bis zum Dezember im nächsten Jahr …«
So ähnlich hat Amie es einmal erzählt. Amie ist die Großmutter von Nina und Mattis und Benjamin, und die drei lieben Amies Geschichten sehr. Könnte der Sternenwagen vielleicht von Amie gekommen sein?
»Natürlich hat Amie den Sternenwagen geschickt«, sagt Mattis.
Mattis ist ein bißchen älter als Nina und viel größer als Benjamin, und er meint immer, er kenne sich aus.
Für Benjamin ist all das Wundersame wirklich wahr, das Amie erzählt. Dem schlauen Mattis glaubt er kein Wort.
Nina weiß nicht recht, was sie denken soll. Sie schaut zum Sternenwagen auf und staunt.
Gemeinsam packen die Kinder morgens das erste Päckchen aus. Drei kleine gefüllte Lebkuchenherzen sind darin – und ein schimmernder Stern. Den hängen die Kinder an den Sternenwagen. Und am Nachmittag, in der Adventsstunde, zünden sie eine Kerze an.

2 Es ist für uns eine Zeit angekommen

Zum ersten Stern hängt Mattis am nächsten Morgen einen zweiten an den Sternenwagen. Er hat ihn im Päckchen gefunden, zusammen mit einem Liederbüchlein. »Laßt uns froh und munter sein«, entdeckt Nina darin und summt die Melodie.
Während der Weihnachtszeit singen und musizieren die Kinder besonders gern. Woran das liegen mag? »Als ich ein kleines Mädchen war«, erzählt die Mutter, »da sagte eure Urgroßmutter einmal: Wer singt, schafft im Herzen Platz für die Freude... Den Satz habe ich nie vergessen. Ich glaube, er gilt noch heute.«

Laßt die Glocken klingen,
laßt die Flöten singen,
laßt die Freud erwachen,
Tür und Tor aufmachen,
laßt das Kind herein
mit dem hellen Schein.

Unbekannt

Es ist für uns eine Zeit angekommen

Es schlafen Bächlein und See unterm Eise,
es träumt der Wald einen tiefen Traum:
Durch den Schnee, der leise fällt, wandern wir,
wandern wir durch die weite, weiße Welt.

Vom hohen Himmel ein leuchtendes Schweigen
erfüllt die Herzen mit Seligkeit:
Unterm sternbeglänzten Zelt wandern wir,
wandern wir durch die weite, weiße Welt.

Leise rieselt der Schnee

In den Herzen ist's warm,
still schweigt Kummer und Harm.
Sorge des Lebens verhallt,
freue dich, Christkind kommt bald!

Bald ist heilige Nacht,
Chor der Engel erwacht,
hört nur, wie lieblich es schallt:
Freue dich, Christkind kommt bald.

3 Drei gläserne Kugeln

Im Sternenwagen drei gläserne Kugeln, in vielen Farben schillernd.
Wenn die Kinder sie lange im Licht betrachten, ist es, als ob Geschichten aus den Kugeln schwebten.

Der goldene Schlüssel

Zur Winterzeit, als einmal ein tiefer Schnee lag, mußte ein armer Junge hinausgehen und Holz auf einem Schlitten holen. Wie er es nun zusammengesucht und aufgeladen hatte, wollte er, weil er so erfroren war, noch nicht nach Haus gehen, sondern erst Feuer anmachen und sich ein bißchen wärmen. Da scharrte er den Schnee weg, und wie er so den Erdboden aufräumte, fand er einen kleinen goldenen Schlüssel. Nun glaubte er, wo der Schlüssel wäre, müßte auch das Schloß dazu sein, grub in der Erde und fand ein eisernes Kästchen. Wenn der Schlüssel nur paßt! dachte er, es sind gewiß kostbare Sachen in dem Kästchen. Er suchte, aber es war kein Schlüsselloch da; endlich entdeckte er eins, aber so klein, daß man es kaum sehen konnte. Er probierte, und der Schlüssel paßte glücklich. Da drehte er einmal herum, und nun müssen wir warten, bis er vollends aufgeschlossen und den Deckel aufgemacht hat, dann werden wir erfahren, was für wunderbare Sachen in dem Kästchen lagen.

Brüder Grimm

Unter dem Schornstein

Ich war noch ein kleiner Junge und glaubte noch an den Weihnachtsmann. Nicht an den, der abends von Haus zu Haus geht und klopft an die Tür und fragt: »Sind die Kinder auch immer artig gewesen?« Den kannten wir damals noch nicht. »Der kommt nur zu den Leuten, die einen eisernen Herd haben und ein enges Ofenrohr«, sagte Mutter. Nein, soweit waren wir noch nicht. Zu uns kam immer noch der andere – der mitten in der Nacht mit einem großen Sack über Land und über die Dächer flog und überall, wo noch ein richtiger »deutscher Herd« war, etwas in den Schornstein warf.
Wir waren fünf Kinder im Hause, und ich war das kleinste. Und wir mußten am Abend vor Weihnachten jeder einen Teller unter den Schornstein stellen. »Nicht zu weit nach der Mitte«, sagte Mutter, »sonst sieht es so unbescheiden und so gierig aus. Und auch nicht so weit weg an den Rand, sonst kriegt man nichts ab.«
Wir stellten unsere fünf Teller – jeder von uns hatte seinen eigenen Teller, und meiner war ganz besonders bunt, die stellten wir alle fünf in einem schönen Halbkreis vor das Feuerloch. Und dann beugten wir uns noch mal alle ganz weit über den Herd und guckten nach, ob der Schornstein auch wirklich offen war. Und dann sagten wir »Gute Nacht« und kletterten einer nach dem anderen in die Betten. – Mutter saß noch am Tisch und nähte.
Mitten in der Nacht wachte ich auf, und ich meinte, da hätte etwas gebrummt und geknackt, und ich dachte: »Nun ist er eben – gerade eben ist er rübergeflogen und hat was in den Schornstein geworfen!« Und ich dachte: »Was das nun wohl gewesen ist? Was da nun wohl liegt – auf meinem Teller?« Und weil ich meinte, ich könnte nun doch nicht wieder einschlafen – und weil draußen ganz heller Mondschein war und alles war so still im Hause –, so stand ich leise auf und schlich mich nach der Küche und guckte auf den Herd. Aber da war noch gar nicht viel zu gucken. Alle Teller waren noch leer. »Denn mußt du dich ja wohl verhört haben«, dachte ich, und wollte mich schon umdrehen und wollte wieder ins Bett – da meinte ich plötzlich –, da kam es mir so vor, als wenn mein Teller diesmal etwas weiter zurück stände als die andern vier. Und weil ich doch gerade in diesem Jahre etwas ganz Schönes – und auch recht viel – vom Weihnachtsmann haben wollte – und weil mich niemand sah und auch keiner etwas davon wußte –,

so stellte ich meinen Teller leise und vorsichtig ein ganzes Stück weiter nach vorn und schob ihn mitten unter den offenen Schornstein. – Und dann horchte ich noch mal eben und hörte mein Herz klopfen – und ging schnell wieder in die Kammer und kroch unter die Decke.
Und lag noch lange wach und wußte nicht, ob ich das nun so richtig gemacht hätte oder nicht. Aber dann dachte ich: »Ich steh' ganz früh auf, daß keiner etwas merkt. – Und wenn es ganz schlimm wird, kann ich ihnen ja auch immer noch was abgeben.« – Und dann schlief ich auch bald wieder ein.
Als ich aufwachte und hochkam, waren Jakob und Greta schon in der Stube, und Jann und Heiner standen schon am Fenster und guckten aus. Ich wollte mich leise an ihnen vorbeidrücken, aber – »Halt stopp!« sagte Mutter. »Wo willst du hin?« – »Bloß mal eben sehen, ob da was in meinem Teller…« – »Nein, hierbleiben! Und erst mal die Hose anziehen! Und Strümpfe und Stiefel! Und die Hände und den Hals waschen! Wenn du fertig bist, gehen wir alle zugleich. Und ich gehe voraus, damit es nachher keinen Streit gibt.« Ich muß wohl ein ganz bedeppertes Gesicht gemacht haben, Greta guckte mich an und griente, und Jann sagte: »Nu mach man'n bißchen zu, daß du weiterkommst! Wir warten doch auf dich!« Es ging an diesem Morgen nicht so schnell, wie es eigentlich gehen sollte, aber – zuletzt war ich denn ja doch klar und stand an der Tür und wollte raus.
»Halt stopp!« sagte Mutter wieder. »Erst komm ich, und ihr kommt alle hinter mir her!« – Und dann ging sie über die Diele und stand vor dem großen Herd und reichte uns unsere Teller. Und freute sich bei jedem Teller mit; Jann hatte fünf schöne Kantäpfel und wenigstens zwanzig Nüsse und vier braune Kuchen – und ein Paar neue Schlittschuhe. Und Greta hatte auf ihren Äpfeln und Nüssen und Kuchen eine schöne weiße Schürze liegen. Und Heiner ein dickes Märchenbuch. Und Jakob einen Baukasten. Und ich – ich hatte in meinem großen bunten Teller nur einen kleinen Apfel und eine Nuß und einen braunen Kuchen – und sonst nichts – kein Stück weiter.
»Na –? Was hat denn das zu bedeuten?« sagte Mutter. Und sie suchte den ganzen Herd ab und guckte auch noch mal in den Schornstein, ob da nichts hängengeblieben war. »Wie kommt denn das? Bist du denn nicht artig gewesen – im letzten Jahr?«
»Doch!« nickte ich nur, sagen konnte ich nichts – mir saß ein großer Klüten im Hals. Und auch als meine Geschwister mich nun halb bedauerten und halb in heimlicher

Schadenfreude aufzählten, was ich verkehrt gemacht und was ich vielleicht alles ausgefressen haben konnte, schüttelte ich nur immer den Kopf: »Ne, ne – das ist es nicht.« Nein, ich wußte es besser. Und Mutter wußte es auch, das merkte ich – sie tat nur so. »Der Weihnachtsmann wird ja wohl wissen, warum«, sagte Mutter, »wir können da weiter nichts bei tun. Ihr könntet ihm höchstens etwas von euren Sachen abgeben, wenn ihr mögt, aber – recht ist es ja eigentlich nicht.«
Greta und Jann gaben mir jeder einen Apfel. Heiner gab mir ein paar Nüsse. Jakob gab mir zwei braune Kuchen. »Und von mir kriegst du vielleicht auch noch was«, sagte Mutter, »sobald ich weiß, warum der Weihnachtsmann dich so kümmerlich bedacht hat.«
Eine ganze Stunde druckste ich noch herum, dann ging ich zu meiner Mutter und sagte es ihr – leise, unter vier Augen: daß ich nachts wieder aufgestanden wäre, und daß ich meinen Teller vor die andern vier und mitten unter den Schornstein gestellt hätte. Mutter schüttelte den Kopf. Aber dann guckte sie mir still in die Augen und strich mir über den Scheitel. »Es ist gut«, sagte sie, »wir wollen nun nicht mehr davon sprechen. Du darfst deinen Teller heute abend noch mal wieder hinstellen – mitunter kommt ja der Weihnachtsmann noch mal zurück.«
Ich stellte abends – ganz allein – meinen Teller wieder auf den Herd. Nicht direkt unter den Schornstein, aber auch nicht zu weit weg auf den Rand, sondern so halb bis zur Mitte, als ob noch vier andere Teller daneben ständen. – Und ich hatte am nächsten Morgen: vier schöne Kantäpfel, etwa zwanzig Nüsse und drei braune Kuchen, und obendrauf eine schöne weiche, wollene Mütze – mit einem bunten Klunker. Ich habe mich ganz toll gefreut und habe sie lange getragen. Und habe sie auch heute noch nicht vergessen.
Ich denke noch oft an diesen Weihnachtsmorgen und an diese weiche, wollene Mütze mit dem bunten Klunker – besonders immer dann, wenn ich meinen Teller mal wieder irgendwo – vor die andern und mitten unter den Schornstein stellen möchte.

Rudolf Kinau

4 Barbaratag

Am 4. Dezember schneidet die Mutter Zweige von Obstbäumen und Sträuchern im Garten. Sie haben kein Blatt und keine Blüte um diese Jahreszeit. Ganz kahl stehen sie dann in einer Vase neben dem Sternenwagen.
»Warum haben wir so einen komischen Strauß?« fragt Benjamin.
»Das sind Barbarazweige«, weiß Nina. Sie hat der Mutter beim Hereintragen geholfen und mit ihr über den alten Brauch gesprochen.
»Die werden zu Weihnachten blühen.«
»Und warum heißen sie Barbarazweige?«
Das weiß Nina nicht. »Vielleicht, weil heute Barbaratag ist.«
Mattis hat morgens im Radio gehört, daß die heilige Barbara die Bergleute beschützt und die Soldaten, und daß sie den Menschen bei Unwetter hilft und in Lebensgefahr.
»Aber was hat Barbara mit den Zweigen zu tun?«
Das weiß Mattis auch nicht.
Der Vater berichtet von einer alten Legende. Die heilige Barbara mußte in dunkler Gefangenschaft leiden, weil sie Christin war. Das Blühen eines Kirschzweiges soll sie getröstet haben.
»Zu allen Zeiten war das Blühen in Kälte und Dunkelheit für die Menschen etwas Besonderes«, sagt die Mutter. »Die Blüten an den Barbarazweigen bedeuten auch die Hoffnung, daß Wünsche sich erfüllen. Wann wirklich ein Brauch entsteht, wissen wir oft nicht.«

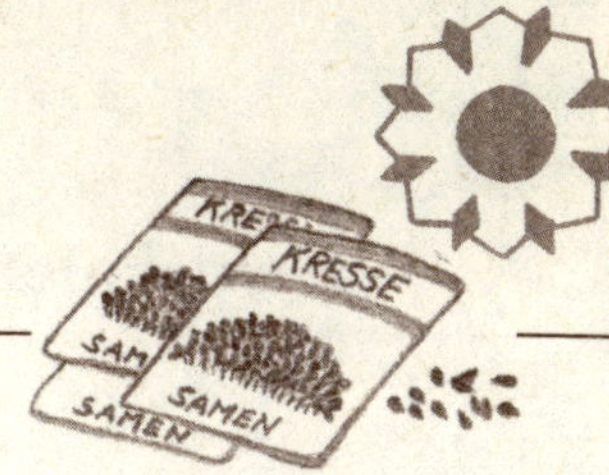

Am 4. Dezember

Geh in den Garten
am Barbaratag.
Gehe zum kahlen
Kirschbaum und sag:
»Kurz ist der Tag,
grau ist die Zeit.
Der Winter beginnt,
der Frühling ist weit.
Doch in drei Wochen,
da wird es geschehen:
wir feiern ein Fest
wie der Frühling so schön.
Baum, einen Zweig
gib du mir von dir!
Ist er auch kahl,
ich nehm' ihn mit mir.
Und er wird blühen
in leuchtender Pracht
mitten im Winter
in der heiligen Nacht.«

Josef Guggenmos

5 Adventskalender selber machen

Seltsam am Sternenwagen ist die Sache mit der Anzahl der Päckchen. Wie oft zählen Nina und Mattis: noch vierundzwanzig Päckchen – noch vierundzwanzig Tage bis Weihnachten; zweiundzwanzig Päckchen – noch zweiundzwanzig Tage; zwanzig Päckchen – noch zwanzig Tage. Jeden Morgen nehmen sie ein Päckchen ab, und immer stimmt die Zahl der Tage.

Aber –

wenn Simon bei ihnen zu Besuch ist, oder Petra oder Stefanie, und wenn die Mutter sagt: »Nehmt euch ein Päckchen vom Sternenwagen« – dann stimmt die Anzahl der Päckchen nachher auch!

Obwohl die Kinder genau aufpassen, daß niemand neue Päckchen an den Sternenwagen schummelt, hängen auf einmal wieder ebenso viele da, wie es noch Tage bis Weihnachten sind.

»Wir haben keinen Sternenwagen«, sagt Stefanie, »aber an unserem Adventskalender machen wir jeden Tag ein Türchen auf.«

Bei Simon daheim hängt eine Adventskette. Jeden Morgen schneidet er ein Päckchen ab.

Die Kinder besuchen gern ihre Freunde während der Weihnachtszeit und schauen, wie andere Familien ihre Wohnungen schmücken.

Päckchen an Kleiderbügel. Für jedes abgenommene Päckchen ein Daunenschneeflöckchen an einer Perle.

Haus aus Papprollen

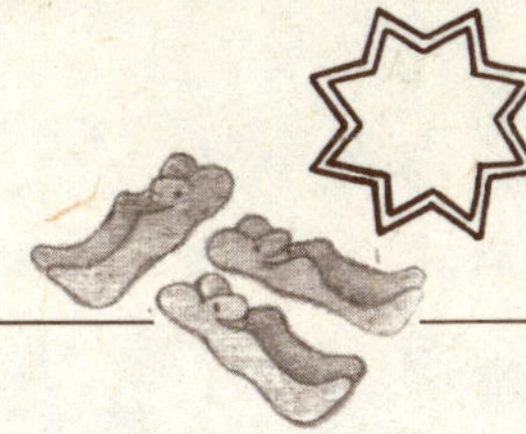

Adventsuhr

Geschichtenkalender

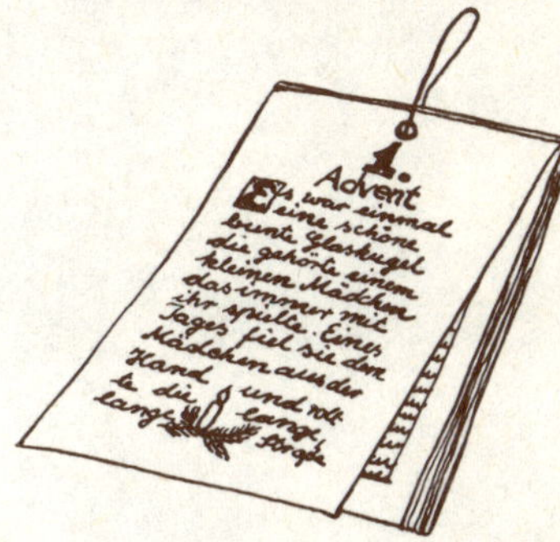

Filzbild mit Gardinenringen und Päckchen dran

Briefumschläge an Fäden

Streichholzschachteln auf Klebeband

Jeden Tag eine Kerze mehr anzünden

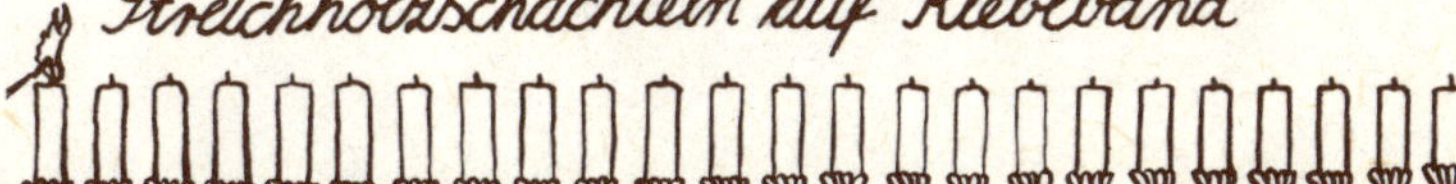

6 Äpfel, Nuß und Mandelkern

Am 6. Dezember in der Früh ist der Sternenwagen fast vergessen. Über Nacht nämlich wurden die Schuhe gefüllt, welche die Kinder am Abend vor ihre Zimmertür gestellt haben. In jedem Schuh steckt ein roter Nikolausstiefel mit Schleckerzeug und Nüssen, Lebkuchen und Clementinen. Ein Tannenzweig mit Lametta ist auch dabei, und ein kleiner Nikolaus aus Schokolade, in buntes Stanniolpapier gewickelt, lacht jedem entgegen.
Für Mattis ist es ganz klar, die süßen Sachen haben die Eltern hingelegt.
Benjamin staunt: »Der Nikolaus war nachts bei uns!«
Nina hat so ihre Vermutungen. Einen Nikolaus, der mit seinem Esel auf einem Mondenstrahl zur Erde herabrutscht, den gibt es sicher nur im Märchen. Dennoch war Nina gestern abend lange wach, um zu lauschen. Und sie hat auch dies und das rätselhafte Geräusch gehört, überall irgendwo in der Dunkelheit. Leider ist sie dann doch eingeschlafen. Wenn Mattis aber recht hat – warum haben auch die Eltern ein Geschenk im Schuh, mit einem Tannenzweig und einem lachenden Nikolaus aus Schokolade? Sie werden sich doch nicht selbst die Schuhe füllen? Vielleicht war wirklich der Nikolaus bei ihnen, wie Benjamin meint?
Vor eintausendsechshundert Jahren war Bischof Nikolaus von Myra ein bedeutender Helfer der Armen und Kranken, und besonders den Kindern hat er viel Gutes getan, lernt Mattis in der Schule.
Viel Gutes bringt der Nikolaus noch heute. Er ist freundlich und macht die Kinder fröhlich. Deshalb feiern sie, wenn's dunkel wird, ein Nikolausfest.

Knecht Ruprecht

Von drauß vom Walde komm ich her;
Ich muß euch sagen, es weihnachtet sehr!
Allüberall auf den Tannenspitzen
Sah ich goldene Lichtlein sitzen;
Und droben aus dem Himmelstor
Sah mit großen Augen das Christkind hervor.
Und wie ich so strolcht durch den finstern Tann,
Da rief's mich mit heller Stimme an:
»Knecht Ruprecht«, rief es, »alter Gesell,
Hebe die Beine und spute dich schnell!
Die Kerzen fangen zu brennen an,
Das Himmelstor ist aufgetan,
Alt' und Junge sollen nun
Von der Jagd des Lebens einmal ruhn;
Und morgen flieg ich hinab zur Erden,
Denn es soll wieder Weihnachten werden!«
Ich sprach: »O lieber Herre Christ,
Meine Reise fast zu Ende ist;
Ich soll nur noch in diese Stadt,
Wo's eitel gute Kinder hat.«
– »Hast denn das Säcklein auch bei dir?«
Ich sprach: »Das Säcklein, das ist hier;
Denn Äpfel, Nuß und Mandelkern
Essen fromme Kinder gern.«

Theodor Storm

Dich rufen wir, Sankt Nikolaus!
Auf Erden geht die Not nicht aus.
Du weißt es wie kein anderer.
Geh um,
du gütiger Wanderer!

Geh um, hab auf die Menschen acht.
Geh um. In dunkler, kalter Nacht
sitzt mancher in seinem Jammer.
Hilf du,
wirf Gold in die Kammer!

Du Mann aus Myra, deine Zeit
ist nie vorbei, ist jetzt, ist heut'.
Geh um in viel Gestalten.
Hilf mir,
dein Amt zu verwalten.

Josef Guggenmos

Wiehnachtsmann, kiek mi an!
Lütt'n Knebel bün ick man,
vell to segg'n weet ick nich!
Wiehnachtsmann, vergeet mi nich!

Volksgut

7 Fahrt zum Christkindlmarkt

Drei Zettel hat der Sternenwagen heute gebracht:

Du darfst – steht auf dem Zettel für Nina, und dahinter ist ein weißes Pferd mit einer goldenen Mähne und einem goldenen Schweif gemalt.
Du darfst – steht auch auf dem Zettel für Mattis, und dahinter ist ein rotglänzender Apfel an einem Stiel aus Buntpapier aufgeklebt. Und:
Du darfst – steht auf dem Zettel für Benjamin, und dahinter sind ein kleines Auto und ein Kiosk gezeichnet.

Als am Nachmittag Nina und Mattis mit dem Vater in die Stadt zum Christkindlmarkt fahren dürfen, freut sich Nina am meisten auf das Karussell. Dafür hat sie den Gutschein mit dem weißen Pferd bekommen!
Mattis mag die »Liebesäpfel« besonders gern. Das sind Äpfel am Stiel mit einem dicken roten Zuckerguß. Und genau für so einen Liebesapfel hält er jetzt einen Gutschein in den Händen!
Und Benjamin?
Benjamin fährt nicht mit in die Stadt. Er wird schnell müde in den lauten Straßen und heult, weil ihn das Gedränge der vielen Leute in den Geschäften verwirrt.
Benjamin darf sich im Kiosk an der Ecke ein kleines Auto aussuchen, als er vormittags mit der Mutter Pakete zur Post bringt. Für die Großeltern und Freunde, die weit weg wohnen, müssen die Päckchen und Pakete schon frühzeitig im Dezember abgeschickt werden.
Nina, Mattis und der Vater kommen nur langsam voran auf dem Weg zur Stadt. Unterwegs stauen sich die Autos in Richtung Zentrum. Am Rande der Innenstadt leiten Polizisten alle Autos in die Parkhäuser. Die Boxen im Parkhaus sind fast voll besetzt. Nur im obersten Parkdeck finden sie einen Platz. Vom Dach schauen Nina und Mattis tief in die Straßenschluchten mit den hellen Lichterketten hinein. Was für ein Menschengewimmel!
»Hör mal!« Nina gibt Mattis einen Stups in die Seite, und beide horchen. Der kalte Dezemberwind trägt Klänge von Weihnachtsliedern bis zu ihnen. »Ich sehe den Christ-

kindlmarkt!« ruft Mattis und zeigt auf den Platz neben dem Turm. Nina entdeckt das Karussell in der Nähe eines riesigen Tannenbaums.
Beim Umhergehen zwischen den Geschäften wird Nina ganz müde vom Gedränge und Schauen und der dröhnenden Musik überall.
»Gleich sind wir auf dem Christkindlmarkt«, ermuntert sie der Vater. Tatsächlich! Als sie um eine Häuserecke biegen, sehen sie vor sich die Buden mit vielerlei herrlichen Sachen zum Anschauen, und ganz hinten, ja, da dreht sich das Karussell.
Mattis bekommt vom Vater seinen Liebesapfel, und Nina reitet auf dem weißen Pferd mit der goldenen Mähne und dem goldenen Schweif. Für Benjamin kaufen sie ein Lebkuchenherz als Mitbringsel und fahren dann gern wieder heim. Was haben sie der Mutter alles zu erzählen!

8 Adventsstunde bei uns zuhaus

Herzlich willkommen bei uns zuhaus!
Wir haben Geschenke für dich.
Rote Äpfel, süß und saftig,
braune Nüsse und Naschzeug auch.
Dann werden wir unsere Lieder singen,
Weihnachtslieder für dich.

Wenn es dämmerig draußen wird am Nachmittag, kann die Adventsstunde beginnen. Nina paßt auf, daß nichts vergessen wird, was dazugehört: Kerzen, Teller und Gläser, Lebkuchen und Plätzchen, Nüsse und Nußknacker, Orangen und Mandarinen und Obstmesser.

Ihre Flöte und das Notenheft holt sie auch. Der Vater nimmt Bücher mit Liedern und Geschichten aus dem Schrank. Die Mutter kocht Teepunsch in der Küche und macht Bratäpfel im Backofen.

Nina entdeckt Mattis, der in seinem Zimmer auf dem Boden liegt und die Zeitschrift mit dem Fernsehprogramm studiert. »Gleich ist Adventsstunde«, ruft sie ihm zu, »du kannst schon kommen!« Doch Mattis will einen spannenden Film anschauen und nicht im Kerzenschein dasitzen und Nüsse knacken. »Komm her zu uns«, bittet nun auch die Mutter ihn, »spannende Filme gibt es oft, aber Adventszeit ist nur einmal im Jahr.«

Es läutet an der Wohnungstür, und Mattis öffnet. Wulfi ist da mit seiner Melodica. Bei ihm zu Haus gibt's nie Adventsstunde. Als Nina und Wulfi »Alle Jahre wieder...« spielen, trägt Mattis das Xylophon herbei und begleitet sie.

Pingping-pingping-ping-ping – pingelt Benjamin auf dem Triangel mit. Es läutet schon wieder. Sofie kommt zu Besuch. »Übt ihr gerade auf euren Instrumenten?« fragt sie. »Üben!« Mattis ist empört. »Wir spielen Weihnachtslieder! Du kannst mitspielen, wenn du magst.«

»Gerne«, sagt Sofie. Sie hat ihre Flöte mitgebracht.

»Liest du uns jetzt eine Geschichte vor, Papa?« fragt Nina nach dem Lied »Es ist für uns eine Zeit angekommen«.

Geschichten vorlesen kann am besten der Vater. Er bekommt keine trockene Zunge dabei wie die Mutter. Er verhaspelt sich nicht in der Zeile wie Nina. Und er wirft nicht gleich das Buch hin wie Mattis, nur weil Benjamin vielleicht Mandarinenkerne verschluckt und husten muß. Der Vater blättert in verschiedenen Büchern. Jetzt hat er eine Geschichte gefunden und beginnt mit dem Vorlesen.
Während die Kinder zuhören, popelt Mattis im weichen Wachs am Rande einer Kerze. »Drück das Licht nicht so schief«, schimpft Nina leise. »Wie das jetzt aussieht!« Der Vater schaut einen Augenblick Nina an, und Nina schaut den Vater an. »Kann ich weiterlesen?« fragt er. »Schon«, sagt Nina. »Danke, Nina.«
Das Telefon klingelt, und die Mutter geht an den Apparat. Mattis verbrennt sich die Fingerspitze und saust ins Bad, um sich die heiße Stelle mit einem kalten Wasserstrahl zu kühlen. Nina holt Servietten, die sie vorhin beim Tischdecken vergessen hat. Wulfi und Sofie laufen zur Tür, als es nochmal läutet.
Der Vater sitzt allein da mit seiner Geschichte. Nicht einmal die Katze Kipsi hört zu, weil sie auf dem Sofa eingeschlafen ist.
»Magst du reinkommen?« sagt Sofie zu Simon an der Tür. »Wir machen grad' Adventsstunde.«
»Adventsstunde?« Simon lacht. »Und warum rennen alle 'rum?«
Sofie lacht auch. »Das war nur eben so.«
Sie versammeln sich wieder um den Lichterschein. Der Vater erzählt für Simon die Geschichte noch einmal von Anfang an und liest sie dann für alle weiter bis zum Ende. »Soll ich die Gitarre holen?« fragt er danach. Die Kinder freuen sich und singen Lieder zur Gitarre, bis die Mutter mit einer Schüssel duftender Bratäpfel hereinkommt und zum Schmausen einlädt.

Auf der Ofenbank

Hab auf d'Bratäpfl glauscht,
Die ham gsunga und plauscht.
Und der Schneewind hat gröhrt,
Doch mi hat dees net gstört…

Hat der Zwetschgenmann drübn
Net grad d'Äugerl sich griebn?
Schaut beim Kripperl im Eck
Net der Blasengl weg?

Is oa Schaferl net ghupft,
Hat der Josef net gschnupft?
Derf dees Fatschenkind glei
So viel auftreibat sei?

Hätt' mi's Katzerl net gweckt,
Wär im Traum noch ich gsteckt,
Hätt' mich, wie's so passiert,
Gwiß im Kripperl verirrt.

Stand vielleicht gar als Rind
Bei dem himmlischen Kind…
Ja, dees kimmt, wenn ma lauscht,
Was der Bratapfl plauscht.

Günter Goepfert

9 Im gelben Netz ein Meisenbällchen

Heute darf Benjamin das Päckchen vom Sternenwagen auspacken. Eine dicke, feste Kugel fühlt er darin, und die Kinder sind beim Auswickeln besonders gespannt. Gleich darauf schauen sie verdutzt. Die dicke, feste Kugel ist ein Meisenbällchen in einem gelben Netz. Also heute nur etwas für die Vögel? Gar nichts für sie? Nur einen Augenblick sind sie ein bißchen enttäuscht. Dann suchen sie einen Platz für den Knödel aus Fett und Körnern, obwohl es draußen kaum hell geworden ist.
Mattis zieht den Rolladen an der Terrassentür hoch. Es hat geschneit! Was für eine Überraschung! Vor lauter Freude vergißt Benjamin fast den Meisenknödel in seiner Hand. Der Vater muß ihn daran erinnern und hängt das Meisenbällchen an einen Birkenzweig, so hoch, wie er hinauflangen kann.

Es schneit

Merkst du?
Fühlst du?
Riechst du?
Es schneit!

Ein Stern schwebt herab
und noch ein Stern –
Schneeflocken sind wie Sterne.
Es schneit!

Lauf in die weiße Welt –
schau,
was vom Himmel fällt.
Es schneit!

Da sind deine Spuren.
Ist die Straße glatt?
Lach,
wenn's dich hingeschmissen hat!

Der Dame
platzt Heiners Schneeball am Hut.
Zum Rodeln
hat Markus als erster den Mut.

Sabine schleppt schon ihre Ski herbei –
o je
der Schnee
wird schnell zu Brei.

Den winzigen Schneewicht
hat Petra gebaut.
Er freut sich des Lebens,
solang er nicht taut.

Katrin Arnold

10 Heute ist Sternentag

Zehn Sterne schimmern schon am Sternenwagen, und jeder Stern sieht anders aus. Während Nina sie betrachtet, fällt ihr etwas ein: Sie will Sterne zu Weihnachten verschenken.
Amie und Großpapa, ihre Patentante Jutta und ihr Patenonkel Helmut sollen Sterne von ihr bekommen. Und Oma und Opa auch. Die Mutter findet den Einfall sehr gut. Gemeinsam überlegen sie, was für Sterne Nina alleine anfertigen kann. Sterne basteln macht Spaß, und auf einmal finden Mattis und Benjamin das auch. Und Sofie und Simon, Petra, Thomas und Stefanie sitzen bald mit ihnen um den großen Tisch herum, und jedes Kind hat neue Ideen. Bis zum Abend haben sie aus dem Wohnzimmer ein richtiges Sternenzimmer gemacht! Einen Teil der Sterne werden sie am Samstag für den Bazar spenden. Über den Stern, den Benjamin mit Fingerfarben an die Fensterscheibe malt, freuen sich sogar die Leute, die draußen vorübergehen.

Bastelvorschläge

STERNENKETTEN (MATERIAL: PAPIER-WEISSES, FARBIGES, GOLD-ODER ANDERSFARBIGE FOLIE)

FALTSTERNE (SCHWARZES TONPAPIER ZUSAMMENFALTEN, FORM UND MUSTER SCHNEIDEN, AUFFALTEN, TRANSPARENTPAPIER IN VERSCHIEDENEN FARBEN UNTERLEGEN)

STERNE AUS PAPIER-
SPITZENDECKCHEN

STROHSTERNE (ECHTE STROHHALME ODER BASTELHALME)

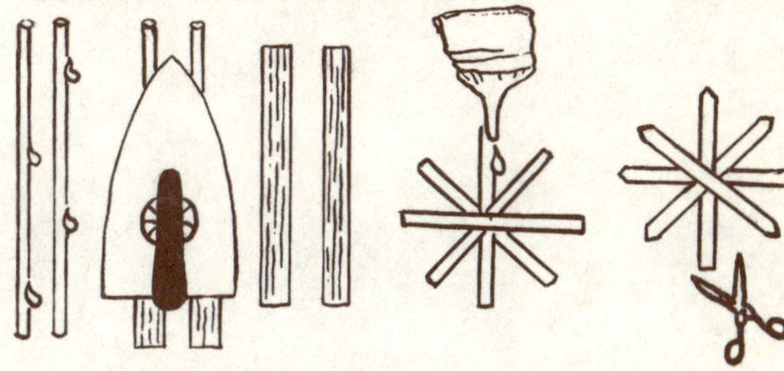

TONSTERNE: TON AUSROLLEN, MIT STERNBACKFORMEN AUSSTECHEN (2 VERSCHIEDENE - ERGIBT 3 VERSCHIEDENE STERNE) VOR DEM HÄRTEN LOCH BEI DEN BEIDEN GESCHLOSSENEN STERNEN NICHT VERGESSEN!

IM HEIẞEN BACKOFEN HÄRTEN

HOLZSPANSTERNE
(CA. 1-2CM BREITE HOLZSPÄNE AUS DEM BASTLERGESCHÄFT)

IGELSTERNE AUS FARBIGER FOLIE (DIE SPITZEN ÜBER BLEISTIFTSPITZEN GEROLLT)

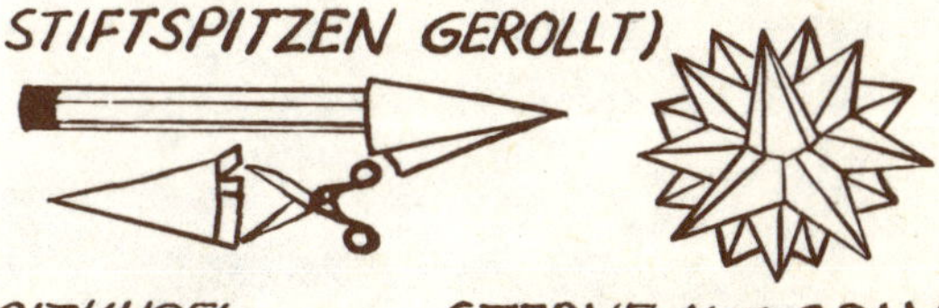

RUNDSTÄBE AUS HOLZ IN EINE HOLZKUGEL MIT VORGEFERTIGTEN LÖCHERN STECKEN UND MIT GOLDSPRAY BESPRÜHEN

STERNE AUF SPAN-
SCHACHTELN MALEN

11 Vom Wünschen

Wunschnüsse waren heute im Sternenwagen, golden schimmernde Nüsse mit Glücksbringern darin: drei winzige Elefanten. Wer sie bei sich trägt, hat Glück beim Wünschen...
Die Kinder wollen heute ihre Wunschzettel für Weihnachten malen und schreiben und abends auf die Fensterbank legen. Mattis hilft Benjamin, weil Benjamin bisher nur ein »B« schreiben kann. Dabei grübeln sie, wie es wohl kommen mag, daß der Sternenwagen immer kleine Dinge bringt, über die sie sich besonders freuen, ja, die sie sich gar heimlich gewünscht haben.
Manches ist seltsam mit dem Sternenwagen, so seltsam, daß auch Mattis keine Erklärung weiß. Das Geheimnisvolle gehört zum Freuen in der Weihnachtszeit – so wie das Wünschen und Schenken.

Das arme reiche Kind

Wulfi ist ein reiches Kind. Wulfi wohnt mit seinen Eltern allein in einem großen Haus. Wulfi ist acht Jahre alt und hat einen eigenen Fernseher in seinem Zimmer, einen Kassettenrekorder mit einem hohen Kassettenturm, einen Plattenspieler und vierundzwanzig Schallplatten und viele Bücher auf einem Bord. Er hat eine Autorennbahn, neunzehn Plüschtiere, und dreiundsiebzig Spielautos, neun Bälle, ganze Stapel von Spielen, mehrere Kisten mit Steckfiguren, Bausteinen, Cowboysachen, Indianerzeug und Bastelkram. Wulfi hat Rollschuhe und Schlittschuhe und Skier, er hat ein Fahrrad und ein Surfbrett und tausend andere Dinge, an die er sich gar nicht mehr erinnert. Wulfi bekommt immer alles geschenkt, bevor er sich etwas wünschen kann.
»Was wünschst du dir zu Weihnachten?« fragen ihn seine Mama und sein Papa trotzdem.
Wulfi weint. Er weiß nicht, was er sich wünschen soll.
Wulfi ist ein armes Kind.

Katrin Arnold

Was du teilen kannst,
wenn du klein bist,
den Apfel und das Brot,
wenn du größer bist,
die Freude und die Not.

Dich selber?
Nie!
Aber die Liebe,
von der du lebst:
Weißt du wie?

Max Bolliger

12 Daheim in der Backstube

Nie duftet Gebäck im Ofen so herrlich wie im Advent. Nie macht Backen so viel Spaß wie im Advent. Nie schmecken Plätzchen so gut wie im Advent.

Was Benjamin am besten backen kann

Butterplätzchen

220g Butter
220g Zucker
500g Mehl
1 Päckchen Vanillezucker
2 Eier
2 Eßl. Milch

Butter, Zucker, Eier und Vanillezucker schaumig rühren, einen Teil des Mehls hinzugeben, und zwar so viel, bis sich die Masse nicht mehr rühren läßt. Dann den Teig mit dem Rest des Mehls fertig kneten und dünn ausrollen. Plätzchen ausstechen oder formen und auf das gefettete Kuchenblech legen. Bei mittlerer Hitze backen.

Mit 2 Eßlöffeln Kakao wird der Butterteig zu Schokoladenteig geknetet. Daraus Schachbrettvierecke oder Schneckenplätzchen machen. Und das geht so:

5 Teile hellen Teig zu 20cm langen viereckigen Stangen formen und 4 Teile dunklen Teig zu gleichlangen Stangen. Die Teile wie nebenstehend abgebildet zusammenfügen und eine große „Wurst" formen. Dann 30 Minuten im Kühlschrank stehen lassen, danach in Scheiben schneiden und die Schachbretter backen.

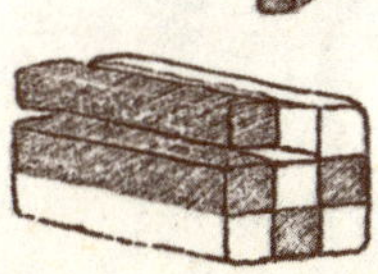

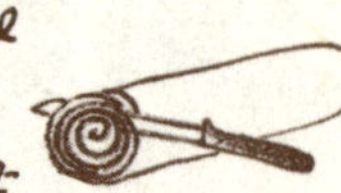

Für Schneckenplätzchen werden 2 gleiche Teile heller und dunkler Teig gleich groß und viereckig ausgewalzt, aufeinandergelegt und zu einer Rolle geformt. Nach dem Kühlen wird die Rolle aufgeschnitten, die Scheiben werden aufs Blech gelegt und gebacken.

Plätzchen verzieren

Das Gebäck wird entweder vor dem Backen oder danach verziert.
Vor dem Backen Plätzchen auf dem Blech mit Eigelb bestreichen und mit bunten Streuseln oder Nüssen bestreuen.

Nach dem Backen, wenn die Plätzchen noch warm sind mit Zuckerguß bestreichen. Dazu 100 g Puderzucker mit 1½ Eßlöffel Zitronen- oder Orangensaft glatt verrühren, mit einem Messer oder Pinsel auf die Plätzchen streichen. Gleich mit Buntzucker, Walnußstückchen oder Schokoladenstreusel verzieren.
Die Schwarzweißplätzchen werden nicht weiter verziert.

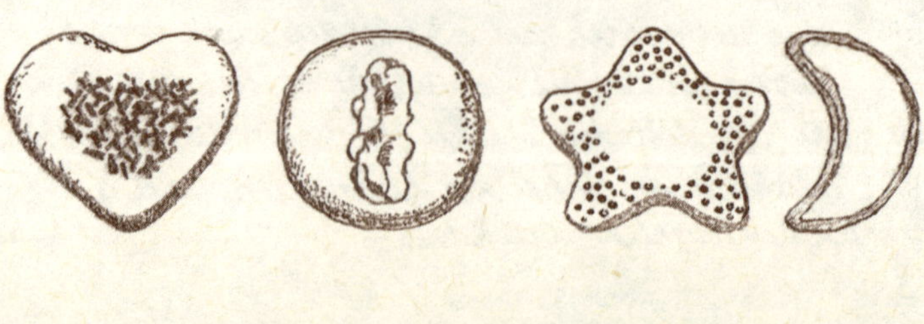

Was Nina am liebsten mag

<u>Vanillekipferl</u>

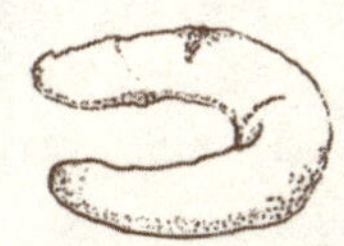

210 g Butter
100 g Puderzucker
280 g Mehl
100 g gemahlene, ungeschälte Mandeln
1 Päckchen Vanillezucker

Butter und Zucker schaumig rühren, die übrigen Zutaten dazugeben und verkneten. Den Teig eine halbe Stunde kaltstellen. Danach etwa 1 cm dicke Stangen rollen, in 5 cm lange Stücke teilen und in Hörnchenform biegen. Die Kipferl auf ein leicht gefettetes Backblech legen und bei guter Hitze backen, bis die dünnen Enden anfangen, braun zu werden. Die Kipferl noch heiß in einem Suppenteller, der mit Puderzucker gefüllt ist, vorsichtig wenden, so daß sie ringsum ein Zuckermäntelchen bekommen.

Das Lieblingsgebäck von Mattis sind Makronen

<u>Makronen</u>

4 Eiweiß — 250 g Nüsse
250 g Zucker — etwas abgeriebene Zitronenschale

Die steifgeschlagenen Eiweiß mit dem Zucker vermischen und so lange weiterschlagen, bis die Masse steif ist. Dann die Nüsse hineingeben und verrühren. Die Makronenmasse wird mit 2 Teelöffeln geformt und in kleinen Häufchen auf Oblaten gesetzt. Langsam und nicht zu heiß backen.

13 Die Weihnachtsmaus und andere Gedichte

Ein Mini-Büchlein, eingewickelt in Goldpapier, bekommen die Kinder vom Sternenwagen heute. »Da ist etwas geschrieben!« ruft Benjamin beim Auspacken und zeigt die Innenseite des Papiers her. Zwei Wörter sind darauf mehrmals wiederholt: Nicht vergessen – Nicht vergessen – Nicht vergessen …
»Was sollen wir nicht vergessen?« fragt Nina. Die drei Kinder betrachten ratlos das Goldpapier.
»Auf dem Papier steht die Antwort wohl nicht«, meint der Vater, »wie wär's, wenn ihr statt dessen mal ins Mini-Büchlein schaut?« Weihnachtsgedichte finden sie darin, und nun verstehen sie auch, woran sie denken sollen – rechtzeitig Gedichte aussuchen für den Weihnachtsabend. Ja, das werden sie auch tun.

Nicht vergessen!

Nicht vergessen!

Nicht vergessen!

Wißt ihr noch, wie es geschehen?

Wißt ihr noch, wie es geschehen?
Immer werden wir's erzählen:
Wie wir einst den Stern gesehen
mitten in der dunklen Nacht.

Stille war es um die Herde.
Und auf einmal war ein Leuchten
und ein Singen ob der Erde,
daß das Kind geboren sei!

Eilte jeder, daß er's sähe
arm in einer Krippe liegen.
Und wir fühlten Gottes Nähe.
Und wir beteten es an.

Könige aus Morgenlanden
kamen reich und hoch geritten,
daß sie auch das Kindlein fanden.
Und sie beteten es an.

Und es sang aus Himmelshallen:
Ehr sei Gott! Auf Erden Frieden!
Allen Menschen Wohlgefallen,
welche guten Willens sind!

Immer werden wir's erzählen,
wie das Wunder einst geschehen
und wie wir den Stern gesehen
mitten in der dunklen Nacht.

Hermann Claudius

Die Weihnachtsmaus

Die Weihnachtsmaus ist sonderbar
(Sogar für die Gelehrten),
Denn einmal nur im ganzen Jahr
Entdeckt man ihre Fährten.

Mit Fallen oder Rattengift
Kann man die Maus nicht fangen.
Sie ist, was diesen Punkt betrifft,
Noch nie ins Garn gegangen.

Das ganze Jahr macht diese Maus
Den Menschen keine Plage.
Doch plötzlich aus dem Loch heraus
Kriecht sie am Weihnachtstage.

Zum Beispiel war vom Festgebäck,
Das Mutter gut verborgen,
Mit einemmal das Beste weg
Am ersten Weihnachtsmorgen.

Da sagte jeder rundheraus:
Ich hab es nicht genommen!
Es war bestimmt die Weihnachtsmaus,
Die über Nacht gekommen.

Ein andres Mal verschwand sogar
Das Marzipan vom Peter,
Was seltsam und erstaunlich war,
Denn niemand fand es später.

Der Christian rief rundheraus:
Ich hab es nicht genommen!
Es war bestimmt die Weihnachtsmaus,
Die über Nacht gekommen!

Ein drittes Mal verschwand vom Baum,
An dem die Kugeln hingen,
Ein Weihnachtsmann aus Eierschaum
Nebst andren leckren Dingen.

Die Nelly sagte rundheraus:
Ich habe nichts genommen!
Es war bestimmt die Weihnachtsmaus,
Die über Nacht gekommen!

Und Ernst und Hans und der Papa,
Die riefen: Welche Plage!
Die böse Maus ist wieder da,
Und just am Feiertage!

Nur Mutter sprach kein Klagewort.
Sie sagte unumwunden:
Sind erst die Süßigkeiten fort,
Ist auch die Maus verschwunden!

Und wirklich wahr: Die Maus blieb weg,
Sobald der Baum geleert war,
Sobald das letzte Festgebäck
Gegessen und verzehrt war.

Sagt jemand nun, bei ihm zu Haus –
Bei Fränzchen oder Lieschen –
Da gäb es keine Weihnachtsmaus,
Dann zweifle ich ein bißchen!

Doch sag ich nichts, was jemand kränkt!
Das könnte euch so passen!
Was man von Weihnachtsmäusen denkt,
Bleibt jedem überlassen!

James Krüss

Heilige Nacht

So ward der Herr Jesus geboren
im Stall bei der kalten Nacht.
Die Armen, die haben gefroren,
den Reichen war's warm gemacht.

Sein Vater ist Schreiner gewesen,
die Mutter war eine Magd.
Sie haben kein Geld besessen,
sie haben sich wohl geplagt.

Kein Wirt hat ins Haus sie genommen;
sie waren von Herzen froh,
daß sie noch in Stall sind gekommen.
Sie legten das Kind auf Stroh.

Die Engel, die haben gesungen,
daß wohl ein Wunder geschehn.
Da kamen die Hirten gesprungen
und haben es angesehn.

Die Hirten, die will es erbarmen,
wie elend das Kindlein sei.
Es ist eine G'schicht für die Armen,
kein Reicher war nicht dabei.

Ludwig Thoma

Was unter dem Weihnachtsbaum liegt

Von der Mutter ein Kleid aus Seide
und zum Zeichnen und Malen Kreide.
Vom Vater ein Buch mit Geschichten
von Heinzelmännchen und Wichten.
Vom Paten ein goldenes Amulett,
vom Onkel Franz ein Puppenbett.
Von Tante Lina ein Paar Hosen
und ein Lebkuchen mit Rosen.

Sind wir jetzt reich oder arm?
Ist es uns kalt oder warm?
Müßte nicht noch etwas sein,
nicht groß und nicht klein,
was nicht im Schaufenster steht,
und was niemand kaufen geht?
Ich frage, ich bin so frei:
Ist auch etwas vom Christkind dabei?

Max Bolliger

Und wer es mit dem Kinde wagt,
am Ende muß ganz unverzagt
und stark und fröhlich werden.

Unbekannt

Kaschubisches Weihnachtslied

Wärst du, Kindchen, im Kaschubenlande,
Wärst du, Kindchen doch bei uns geboren!
Sieh, du hättest nicht auf Heu gelegen,
Wärst auf Daunen weich gebettet worden.

Nimmer wärst du in den Stall gekommen,
Dicht am Ofen stünde warm dein Bettchen,
Der Herr Pfarrer käme selbst gelaufen,
Dich und deine Mutter zu verehren.

Kindchen, wie wir dich gekleidet hätten!
Müßtest eine Schaffellmütze tragen,
Blauen Mantel von kaschubischem Tuche,
Pelzgefüttert und mit Bänderschleifen.

Hätten dir den eignen Gurt gegeben,
Rote Schuhchen für die kleinen Füße,
Fest und blank mit Nägelchen beschlagen!
Kindchen, wie wir dich gekleidet hätten!

Kindchen, wie wir dich gefüttert hätten!
Früh am Morgen weißes Brot mit Honig,
Frische Butter wunderweiches Schmorfleisch,
Mittags Gerstengrütze, gelbe Tunke,

Gänsefleisch und Kuttelfleck mit Ingwer,
Fette Wurst und goldnen Eierkuchen,
Krug um Krug das starke Bier aus Putzig!
Kindchen, wie wir dich gefüttert hätten!

Und wie wir das Herz dir schenken wollten!
Sieh, wir wären alle fromm geworden,
Alle Knie würden sich dir beugen,
Alle Füße Himmelswege gehen.

Niemals würde eine Scheune brennen,
Sonntags nie ein trunkner Schädel bluten, –
Wärst du, Kindchen, im Kaschubenlande,
Wärst du, Kindchen, doch bei uns geboren!

Werner Bergengruen

14 Alle helfen mit beim Weihnachtsbazar

O ja, das gibt es auch: Mitten in der Weihnachtszeit haben Nina und Mattis sich mit Simon und Sofie zerstritten. Gestern beim Spielen geschah es, und noch immer werden Nina und Mattis nicht richtig froh. Selbst beim Auswickeln des Päckchens vom Sternenwagen haben sie keine rechte Freude. Und dabei kommen heute so niedliche Marzipanfiguren zum Vorschein! Wirklich viel zu schade, um sie gleich aufzuessen. Auf die Kommode unter den Sternenwagen werden sie gestellt, damit alle sie betrachten können. Nachdenklich schaut Mattis ab und zu dorthin, und auch Nina macht sich ihre Gedanken.

Als es später läutet und Simon und Sofie zu ihnen kommen, freuen sie sich sehr. Und beide haben denselben Gedanken: Sie schenken den Freunden ihre Marzipanfiguren aus dem Sternenwagen. Da lacht Sofie und zieht ein Transparentbild hinter ihrem Rücken hervor. »Wir haben auch etwas für euch«, sagt sie und hält das Bild gegen die Fensterscheibe. Es schimmert und leuchtet in vielen Farben. Mattis und Nina staunen! Das haben die beiden selber gemacht? »Ein bißchen geholfen hat Papa schon«, sagt Simon. Gemeinsam heften sie das Bild mit Klebestreifen an die Fensterscheibe.

»Kommt ihr heute nachmittag mit zum Bazar?« fragt Nina. »Gerne«, sagt Sofie, und Simon nickt. Jetzt fühlen sich alle vier wieder richtig froh.

Beim Bazar sind viele Leute. Vor den Verkaufstischen gibt es so ein Gedrängel, daß die Kinder lange überhaupt nichts von den ausgestellten Dingen sehen können. »Wir bitten alle Erwachsenen, die Kinder vorzulassen«, sagt eine Stimme aus dem Lautsprecher. »Und kaufen dürfen die Kinder auch zuerst!«

Als die Kinder dicht am Stand in der ersten Reihe sind, vergessen sie vor lauter Schauen fast das Kaufen. »Da sind unsere Sterne!« ruft Nina. »Die erkenn' ich genau!«

Ein paar Kerzenständer und Gewürzsträuße und Nelkenherzen und Emailleschalen sind von der Mutter. Monatelang hat sie sich einmal in der Woche mit anderen Müttern zum Basteln für den Bazar getroffen. Holzspielzeug, Bücher, Spiele und viele andere Dinge sind gespendet worden.

Sofie möchte gern wissen, warum der Bazar veranstaltet wird. Mattis zeigt auf ein großes Plakat. »ALLE HELFEN MIT« steht da.

»Wem soll denn geholfen werden?« fragt Sofie. »Und wie?« So genau weiß Mattis das auch nicht. Sie dürfen sich lustig bemalte Anstecker aussuchen, auf denen steht ebenfalls »ALLE HELFEN MIT«.

Der Vater erklärt: »Mit dem Bazar-Geld wollen wir für kranke Kinder ein Ferienheim einrichten. Auch Familien mit gesunden Kindern dürfen dann dort wohnen, und so können alle miteinander eine schöne Zeit erleben.«
»Fahren wir da auch mal hin?« fragt Benjamin. »Vielleicht«, sagt die Mutter. Erst einmal muß genügend Geld dafür gesammelt werden. Das dauert lange. Aber wenn alle mithelfen, geht es schneller.
Sie bekommen Kuchen und Saft und schauen dem Zauberer Mario Magico zu. Abrakadabra und Simsalabim – ja, wenn sie zaubern könnten, ginge alles noch viel schneller!

Alle
helfen
mit
MARIO
MAGICO

15 Vom Schenken und Verpacken

»Höchste Zeit«, sagt die Mutter, »daß wir die letzten Päckchen packen. Morgen müssen wir sie zur Post bringen, sonst kommen sie nicht mehr rechtzeitig an vor dem Fest.« Mattis und Nina erinnern sich, wie enttäuscht sie waren, als einmal die Geschenke von Oma und Opa erst nach den Feiertagen kamen.
Bald sieht das Wohnzimmer wie eine Weihnachtswerkstatt aus. Offene Kartons mit Handarbeiten und Basteleien und auch Geschenke, die sie gestern beim Bazar gekauft haben, stehen herum.
Auf dem Boden rollt der Vater unbedrucktes Papier aus und schneidet es in große Bögen. Darauf drucken die Kinder weihnachtliche Muster mit Kartoffelstempeln: Das wird schönes Geschenkpapier zum Einwickeln. »Hej Kipsi!« ruft Mattis. Die Katze ist erst in blaue Farbe getappt und dann über sein Papier gelaufen. Zwischen grünen Tannenbäumen hat Mattis nun blaue Katzenpfötchenspuren. Das ist ein lustiger Stempeldruck.

Bald danach entdeckt Kipsi, daß es bei der Mutter noch interessanter ist. Die Mutter wickelt Geschenke ein, und Kipsi hascht nach den wippenden Bändern. »Benjamin«, sagt die Mutter, »lock' bitte Kipsi weg von mir, ich kann mit Kipsi nicht packen.« Benjamin wedelt mit einer Schnur – und wirklich springt die Katze hin und spielt mit Benjamin. Der Vater bedruckt inzwischen Benjamins Bogen weiter.

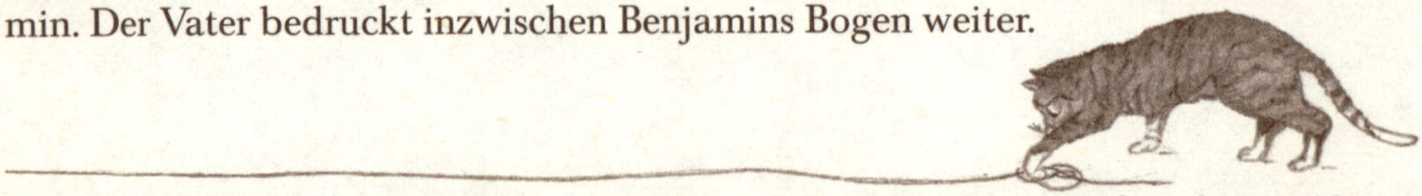

Auf einmal fällt Nina ein, daß sie ein Geschenk für Tante Jutta noch nicht ganz fertig hat, einen »Immerwährenden Kalender«, in den sie alle Geburtstage eintragen kann. Tante Jutta ist Ninas Lieblingstante. Sie denkt sich oft besondere Überraschungen aus, nicht nur zur Weihnachtszeit. Jetzt muß Nina sich beeilen, damit ihr Kalender noch mit eingepackt werden kann.
Der Vater schreibt und zeichnet Weihnachtsgrüße, die er mit den gebastelten Sternen oben auf die Geschenke legt. Jeder aus der Familie schreibt auf jede Karte einen Extra-

gruß und seinen Namen dazu. Benjamin malt mit den neuen Stiften aus dem Sternenwagen wieder nur ein großes »B«. Mattis möchte, daß auch Kipsi mit einem Pfotendruck »unterschreibt«. Aber Kipsi läßt sich das nur zweimal gefallen, dann springt sie weg und versteckt sich.
Mattis verschenkt Gedichte zu Weihnachten. Auf farbige Bögen schreibt er Weihnachtsgedichte und verziert sie mit aufgeklebten Sternen aus Gold- und Silberfolie. »Warum schenken wir anderen zu Weihnachten etwas?« fragt er. »Vielleicht deshalb, weil wir auch etwas bekommen?«
Die Eltern denken eine Weile nach, bevor sie antworten.
»Mit Geschenken zeigen wir, daß wir jemanden gerne mögen«, sagt die Mutter. »Oder vielleicht auch, daß wir uns bedanken möchten für eine Freude, die uns jemand irgendwann einmal gemacht hat.« Und der Vater fügt hinzu: »Mit Worten kann man vieles nur schwer oder gar nicht ausdrücken. Geschenke sind das sichtbare Zeichen für Liebe und Freundschaft.«
»Und warum ausgerechnet zu Weihnachten?«
»Weil die Geschichte von der Geburt Christi auch ein Zeichen der Liebe ist, und daran erinnern sich die Menschen jetzt.«
»Nur jetzt?«
»Jetzt besonders. Aber es wäre natürlich gut, wenn sie es nach Weihnachten nicht gleich wieder vergessen würden.«
Alle schreiben und kleben und binden und schnüren und falten und knoten und wickeln und schneiden – und als am Nachmittag die Adventsstunde beginnt, stapeln sich neben der Eingangstür die Päckchen und Pakete. Sie sehen schon von außen nach Weihnachtspost aus. An Amie und Großpapa ist nichts dabei. Amie und Großpapa wollen nämlich zu Weihnachten bei ihnen sein. Und miteinander zu feiern, ist besser als jedes Paket.

16 Kalender für das neue Jahr

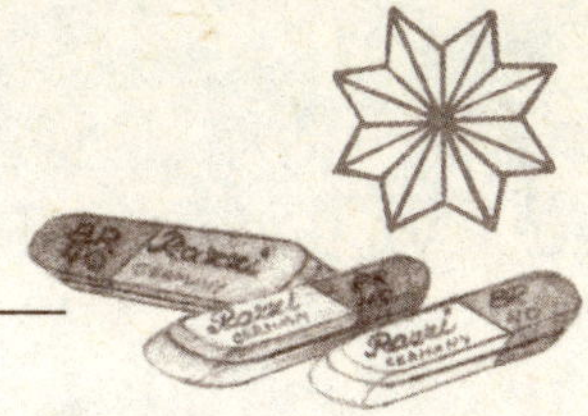

»Ich freu' mich so auf Weihnachten!« sagt Benjamin.
»Und ich freu' mich schon auf Silvester, weil wir da aufbleiben dürfen«, meint Mattis.
Nina malt in ihren Geschenk-Kalender gerade ein Faschingsbild für den Februar:
»Wenn wieder Fasching ist, dann freu' ich mich!«
»Wenn Ostern ist, freu' ich mich aufs Eiersuchen.«
»Wenn wir Sommerferien haben, freu' ich mich aufs Baden.«
»Wenn der Herbst kommt, freu' ich mich aufs Drachensteigen und Laternenfest.«
»Und wenn Advent ist –«
Der Vater lächelt.
»Advent ist jetzt. Wie wär's, wenn ihr euch heute freut?«
Heimlich, die Eltern dürfen ja nichts merken, macht auch Mattis einen Kalender. Aber keinen »immerwährenden« wie Nina, sondern einen fürs nächste Jahr. Mattis meint, er habe aus den Reden von der Mutter und vom Vater herausgehört, daß sie sich einen selbstgemachten Kalender von ihm wünschen – einen ähnlichen Kalender, wie er auch für dieses Jahr schon in der Küche hängt. Darauf wurden während des Jahres alle wichtigen Ereignisse der Familie eingetragen: Ferien und Ausflüge, und wer zu Besuch da war, und natürlich auch die Geburtstage. Und zu finden ist auch, wann Benjamin in den Kindergarten kam, und wann Nina ihre beiden oberen Eckzähne verlor, und daß Mattis am 10. September Sieger beim Schwimmen wurde und vieles andere mehr.
So einen Kalender also zeichnet Mattis jetzt. Weil das Stricheziehen die mühsamste Arbeit ist und die Striche auf unliniertem Papier oft schief werden, nimmt Mattis für die beiden Halbjahre je einen Doppelbogen kariertes Papier aus der Mitte seines großen Rechenheftes. Die Kästchen rundherum um die Monate malt Mattis sorgfältig mit Filzstiften aus, so daß am Schluß ein buntes Muster die Monate von Januar bis Juni und von Juli bis Dezember leuchtend umrahmt. Die beiden Kalenderseiten klebt Mattis auf einen Bogen farbiges Tonpapier.

17 Weihnachtsgrüße aus fremden Ländern

Je näher Weihnachten kommt, um so weihnachtlicher wird es zu Hause. Jeden Tag bringt die Postfrau Karten und Briefe, und der Paketmann hat auch schon einiges abgegeben. Natürlich dürfen Nina, Mattis und Benjamin nichts auspacken vor dem Fest. Aber es wird auch nicht alles versteckt. Täglich liegen mehr Grüße von nah und fern auf der Kommode unter dem Sternenwagen. Wenn Mattis und Nina und Benjamin die Weihnachtskarten aus fremden Ländern betrachten, gehen sie gern mit den Augen weit in die Ferne spazieren.

Täglich gibt es Neues zum Anschauen und Staunen und Rätseln – die Vorfreude wird größer von Tag zu Tag.
Einmal hat Benjamin an einer verpackten Schachtel nur ein kleines bißchen gebohrt und nur ganz wenig das Papier gedrückt und befühlt und fast gar nicht daran gerissen – und trotzdem sah er plötzlich den blauen Laster, den er sich so sehr wünschte. Das hat ihn aber gar nicht gefreut. Denn nun wußte er, was Oma und Opa ihm schenken, und es war keine Überraschung mehr. Geheimnisvollerweise sind dann am Heiligabend doch noch mehr Gaben zur Bescherung da, die nie vorher unterm Sternenwagen gelegen haben. Und das ist gut so.

18 Als Papa so alt war, wie Mattis jetzt ist

Süßigkeiten bringt der Sternenwagen heute: »Marzipankartoffeln« und »Mandelsplitter«, die nur so aussehen, als ob es Marzipankartoffeln und Mandelsplitter seien. Sie schmecken gut, und noch nie haben die Kinder so etwas gegessen.
»Als Papa so alt war, wie Mattis jetzt ist«, erzählt die Mutter, »da war die Notzeit nach dem letzten Krieg, und Oma und Opa konnten kein Marzipan und keine echten Mandelsplitter kaufen, weil kein Geschäft sie zu verkaufen hatte. Deshalb hat Oma sie nachgemacht.«
»Oooch«, staunt Benjamin und möchte gleich mehr von den komischen Kugeln.
»Kein Marzipan gab es zu kaufen?« fragt Nina.
»Und keine Pralinen und keine Orangen, keine Lebkuchen und keine Mandeln, fast nichts von all dem, was heute für uns selbstverständlich ist«, sagt der Vater.
Mattis schaut ungläubig. »Das kann ich mir gar nicht vorstellen.«

Falsche Marzipankartoffeln
250 g Grieß
250 g Puderzucker
1 Eßlöffel Puddingpulver Vanille
3 Eßlöffel Wasser
2 Eßlöffel Butter

Puderzucker mit dem feinen Grieß und dem Puddingpulver vermischen, Wasser und aufgelöste Butter dazugeben und gut durchkneten. Kugeln formen und in Kakao wälzen.

Das Christkind ist gerecht

Es war Heiligabend in einem kleinen Dorf gleich nach dem großen Krieg. Jochen war sechs Jahre alt und sehr traurig. Draußen war es kalt, der Schnee glitzerte auf dem Stacheldraht an der Kuhweide seinem Fenster gegenüber. Weit entfernt leuchteten im Haus von Müller Harms vier Fenster. Die Müllerkinder hatten's gut: Sie wohnten schon immer hier im Dorf. Sie hatten viele Spielsachen und sicher auch einen Weihnachtsbaum mit Kerzen und silbernen Kugeln und feinen Silberpapierstreifen und an der Spitze einen Rauschgoldengel, so einen, wie Jochen nebenan gesehen hatte, am zimmerhohen Weihnachtsbaum von Zenkers in der Guten Stube.
Jochen hatte gar nichts zum Spielen, außer einem Ball, den seine Mutter aus alten Strümpfen zusammengedreht hatte und der beim Fliegen eierte. Wenn er seine Mutter gefragt hatte, was sie in diesem Jahr geschenkt bekommen würden, antwortete sie jedesmal: »Junge, uns hat der liebe Gott Gesundheit geschenkt – das ist viel mehr wert als alle Spielsachen der Welt.« Jochen konnte das nicht verstehen. Denn wenn er krank war, brauchte er nicht mit in den Wald und Brennholz sammeln. Das freute ihn, obwohl das Holzsammeln manchmal auch Spaß machte. Hatte er nämlich einen dicken Ast gefunden, lobte ihn sein Vater: »Der ist viel dicker als alle, die ich gefunden habe.« Dann war Jochen stolz und rannte durch den Schnee davon, um einen noch dickeren Ast für den Schlitten zu finden.
Auch heute stand der Schlitten vor dem Holzschuppen, hochbeladen mit gesammeltem Holz, und er hörte Vater mit kräftigen Schlägen Kleinholz für die Feiertage hacken. Der Schein der Petroleumlampe warf manchmal unheimliche Schatten über den Hof. Doch wenn er seine Stirn fest an die Scheibe preßte und die Augen ganz nach links drehte, konnte er durch die Ritzen der Schuppenwand das warme Licht der Lampe sehen, und ihm war dann nicht mehr unheimlich.
Traurig war er trotzdem. Sein Freund Peter Zenker hatte ihm nämlich erzählt, daß alle Geschenke vor dem Dunkelwerden in die Häuser gebracht werden müssen. Denn im Dunkeln fände der Weihnachtsmann den Weg nicht mehr zurück. Nun war es schon lange dunkel, und Jochen hatte weder den Weihnachtsmann noch ein Eckchen von einem Geschenk gesehen. Er dachte daran, wie Peter Zenker ihm alles aufgezählt hatte, was er bekommen würde: Malpapier, Stifte, einen Tretroller, zwei Bälle und einen

neuen Schlitten. »Mein Vater kauft das alles auf dem schwarzen Markt«, sagte Peter großartig, »dein Vater hat ja nicht mal richtige Arbeit. Da ist bei euch für Weihnachten nichts drin.«
Jochen mochte dem Peter gar nicht sagen, daß er sich nur einen Schlitten wünschte, den er mit den Beinen steuern konnte. Ihr Holzschlitten war ja so breit und schwer, daß er ihn kaum von der Stelle brachte. Die Kinder von Müller Harms lachten, wenn er damit zum Rodelberg kam: »Guck mal, der dicke Schlitten, da kann man ja ein Pferd davorspannen!« Jochen war schnell nach Hause gerannt und hatte den Schlitten vor dem Schuppen stehenlassen und sich in seine Lieblingsecke hinter den Hauklotz gesetzt und nicht geweint. Aber er fand es ungerecht, daß die Menschen, die immer hier im Dorf gewesen waren, alles hatten und Flüchtlinge wie er und seine Eltern nur das, was sie hatten tragen können. Er hatte sich viele Tage lang Mühe gegeben, um artig zu sein. Er hatte Holz zum Herd getragen und sauber aufgestapelt, die Aschenlade draußen ausgeleert, und er war nie mit schmutzigen Schuhen ins Zimmer gelaufen. »Wer weiß«, hatte seine Mutter gesagt, »vielleicht sieht dich das Christkind. Aber einen Schlitten, Junge, den kannst du nicht bekommen. Der ist viel zu teuer für uns.«
Deshalb war Jochen jetzt so traurig: Weil alle anderen recht behalten hatten. Der Peter Zenker, der jetzt bestimmt mit seinen vielen neuen Sachen spielte, und die Müllerkinder und auch Mutter.
Auf einmal löscht der Vater das Licht der Lampe im Schuppen, und in diesem Moment, als der ganze Hof pechschwarz daliegt, da meint Jochen, daß ein Stern fern überm Wald zweimal sehr hell aufleuchtet. Er starrt angestrengt in die Richtung – aber der Stern funkelt wie alle Sterne, er leuchtet nicht noch einmal auf. Dafür klopft es laut an die Außentür. Jochen horcht. Und als es noch einmal laut klopft und niemand öffnet, rennt er zum Eingang und reißt die Tür auf – und vor ihm steht im Schnee ein kleiner Schlitten, so einer, wie er ihn sich gewünscht hat, mit einer neuen Hanfschnur und vorn einem Querstock zum Ziehen, und obendrauf steht ein Paket mit einem gelben Band und einem Tannenzweig mit einem Briefumschlag daran. »FÜR JOCHEN« liest Jochen und kann sein Glück nicht fassen.
Da wußte er: Das Christkind ist gerecht.
Es hatte Peter seinen alten Schlitten weggenommen und ihm, Jochen, geschenkt, weil Peter nun einen neuen bekam und den alten nicht mehr brauchte. Peters alter Schlitten

trug eine Kerbe am Sitz, die hatte Jochen einmal vor Wut mit seinem Holzschuh hineingetreten, als auch Peter über Jochens dicken Holzschlitten spottete. Und diese Kerbe hatte Jochens Weihnachtsschlitten auch. Aber heute und den ganzen Winter war er glücklich über seinen Schlitten, und weil er wußte, das Christkind ist gerecht…

Jochen G. Schulz

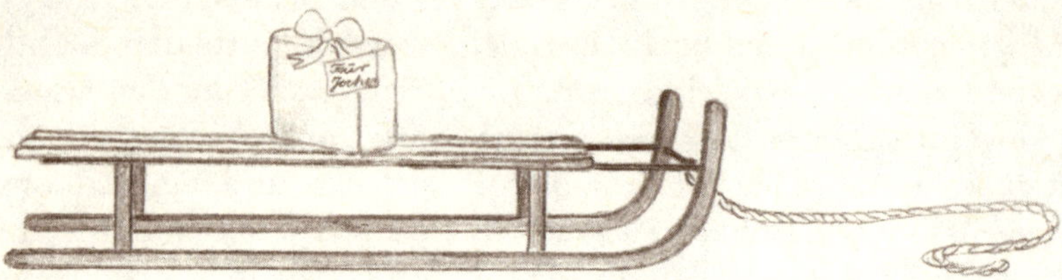

19 Spiele und Rätsel

Adventsstunde ist nicht nur an den vier Sonntagen im Advent. Adventsstunde kann heute und morgen sein, und Nina würde am liebsten jeden Tag Adventsstunde feiern. Doch gerade vor Weihnachten haben die Erwachsenen besonders viel zu tun. Das finden die Kinder schade. Wenn die Mutter keine Zeit hat und der Vater spät von der Arbeit heimkommt, besuchen sie einander und spielen, was ihnen eben einfällt. Und daß ihnen immer wieder etwas Neues einfällt – hilft dabei vielleicht auch der Sternenwagen?

Minispiele basteln

Minispiele sind heute in dem Sternenwagenpäckchen. Lege-Hölzchen, ein winziges Puzzle, ein Domino – jedes Spiel in einer bunt beklebten Streichholzschachtel.
Beim Spielen mit den Minispielen erinnert sich Mattis an Stefanie. Sie hat Fieber und muß im Bett bleiben. Sicher würde sie sich über ein Minipuzzle freuen. Die Mutter gibt Mattis eine Weihnachtskarte, daraus schneidet er ein Puzzle. »Probiert mal, ob ihr's zusammensetzen könnt«, sagt er zu Nina und Sofie und mischt die Teile durcheinander. Weil es wirklich Mini-Mini-Teile sind, brauchen die Mädchen ziemlich lange, bis das Bild wieder vor ihnen liegt.
»Schade, daß wir nicht ›Viele Grüße und gute Besserung‹ auf die Rückseite geschrieben haben«, meint Sofie, »Schrift wieder zusammensetzen ist auch spannend, und Stefanie hätte dann ein doppelseitiges Puzzle.« Dafür ist es bei dieser Karte zu spät. Die Mutter gibt ihnen farbigen Karton. Plötzlich haben sie Lust, selber Kartenpuzzles zu machen. Sie müssen aufpassen, daß ihnen die verschiedenen Puzzles nicht durcheinandergeraten. Wehe, wenn einer niesen müßte!

Nina leert Streichhölzer in eine Schale aus, und sie bekleben die leeren Schachteln mit Buntpapier. Eine Schachtel wird schöner als die andere, und immer wieder haben sie neue Ideen.
»Spiele machen ist genauso lustig wie spielen«, sagt Sofie. Und dann überlegen sie, wem sie ihre Puzzles schenken.

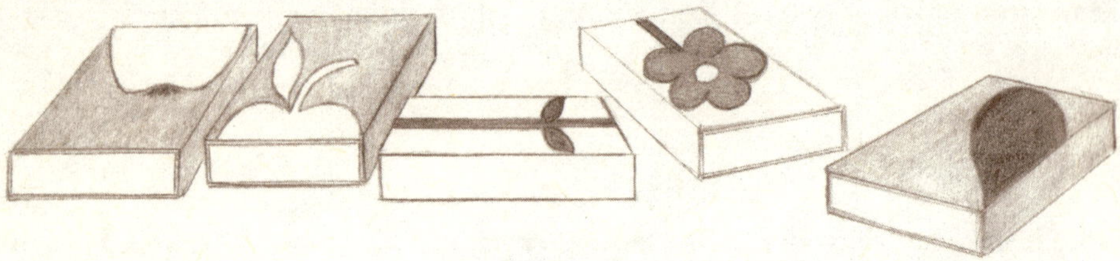

Wenn die Kinder keine Lust mehr haben, im Zimmer zu bleiben, ziehen sie sich warm an und spielen draußen:

Sterne fangen

Beliebig viele Kinder können mitspielen. Zuerst wird ausgemacht, wer Sternfänger sein soll. Die anderen Kinder sind die Sterne und stellen sich in einer Reihe auf, etwas entfernt vom Sternfänger. Sie tun so, als ob sie über den Himmel sausen, vorbei am Fänger zu einem Platz auf der anderen Seite des Spielfeldes. Die Sterne dürfen sich aber nicht das kleinste bißchen bewegen, bevor der Sternfänger fragt:

Sterne, Sterne, helle Sterne –
wieviel leuchten in der Ferne?

– und die Sterne antworten:

Mehr Sterne als du denkst!
Mehr Sterne als du fängst!

Holterdipolter stieben die Sterne über den Himmel…
Doch aufgepaßt, Sterne! Der Sternfänger rennt auch los, und alle Sterne, die er fängt, müssen auch Sternfänger sein.
Das Spiel geht weiter, bis kein Stern mehr am Himmel ist – und dann fängt es wieder von vorne an.

Rätselnüsse

Im Drehen muß ich gehen,
und niemand kann es sehen.
Sie müssen alle mit mir fort
und bleiben doch an ihrem Ort. Erde

Ein Vorhang aus Luft
und Duft
gewoben,
und wie der Wind
geschwind
zerstoben.
Was ist es? Nebel

Ich wandle mit dir Tag und Nacht,
im Sonnen- und im Mondenschein.
Auf leichten Sohlen schleich ich sacht
bald vor dir her, bald hinterdrein:
hinab ins Tal, hinan den Berg,
bald wie ein Ries', bald wie ein Zwerg. Schatten

Weiß wie Kreide,
leicht wie Flaum,
weich wie Seide,
feucht wie Schaum. Schnee

Es eilt und läuft, niemand sieht's laufen,
man kann's nicht halten, kann's nicht kaufen,
macht weder Schritt noch Sprünge,
lehrt viel verborgne Dinge. Zeit

20 Die wandernde Krippe

Vor einem Jahr haben neun Kinder aus der Straße gemeinsam eine Krippe gebastelt. Maria und Joseph mit dem Kind in der Krippe, Ochs und Esel, Hirten und Schafe und die Heiligen Drei Könige Kaspar, Melchior und Balthasar. Sie haben ausgemacht, daß die Krippe während der Adventszeit bei jeder Familie ein paar Tage bleiben soll.
Natalies Mutter ist es zu verdanken, daß die Kinder die »wandernde Krippe« haben. Sie ist Lehrerin und schaute mit ihrer Klasse die Krippenausstellung im Museum an. Und weil sie ihr so gut gefiel, verabredete sie mit Nachbarfamilien einen gemeinsamen Besuch an einem Sonntag vormittag. Das war ein Erlebnis, an das sie jetzt noch oft denken. Was für ein Gedränge im Museum herrschte! Und wieviel es zu sehen gab! Geschnitzte und gedrechselte und aus allerlei Material gefertigte Marien- und Josephsfiguren, Jesuskinder im Stroh liegend, Hirten mit Fell bekleidet, Könige aus dem Morgenland in kostbaren Gewändern, Tiere zwischen Felsen und auf Wiesen und in verschiedenen Landschaften. Hinter den Glasscheiben stehen die Figuren von wundersamem Licht beleuchtet, während ihre Umgebung im Halbdunkel bleibt.
»Wenn du lange hinschaust, werden sie lebendig«, hat Nina der Sofie zugeflüstert, und Sofie hat genickt.
»Den Engel da finde ich toll«, sagte Wulfi. »Was kostet der?«
»Der Engel ist nicht verkäuflich«, antwortete Natalies Mutter. »In der Krippenausstellung gibt's überhaupt nichts zu kaufen.«
Wulfi war enttäuscht. Er dachte, daß man alles kaufen kann.
Als die Kinder nach Hause kamen, hatten sie den Plan, selber eine Krippe zu machen. Bei Natalie trafen sie sich zum Basteln. Zuerst besprachen sie, wer welche Figur formen sollte. Sonst hätten sie am Schluß vielleicht lauter Ochsen, Esel und Schafe, aber keinen Joseph und keine Maria. Das Jesuskind, das sie für die Krippe brauchten, durfte Natalie machen. Und auch bei den anderen Figuren gab es keinen Streit. Stefanie entschied sich für ein Schaf, obwohl sie viel lieber ein Pferd geformt hätte. Doch ein Pferd kommt in der Weihnachtsgeschichte leider nicht vor. Als Material verwendeten sie eine Knetmasse, die an der Luft hart wird und nicht gebrannt werden muß. Moos und Steine, Wurzeln und kleine Zweige holten sie sich im Wald. Nach Stroh fragten sie bei einem Bauern, der ihnen gern die Halme gab, die sie brauchten.
Beim nächsten Treffen brachte Sofie ihre türkische Freundin Gülbin mit. Gülbins Mut-

ter arbeitet in einer Kleiderfabrik. Sie hatte Gülbin einen Beutel Stoffreste mitgegeben. Nun konnten sie daraus Gewänder schneidern, um die Figuren anzuziehen.
»Wann kann Gülbin die Krippe mit heimnehmen?« fragte Sofie, als sie ausmachten, daß die Krippe abwechselnd bei jedem stehen sollte. Gülbin lachte. Sie wollte die Krippe gar nicht haben, weil sie als Türkin kein Weihnachten feiert. Das war für die anderen Kinder schwer zu verstehen. Ein Jahr ohne Weihnachten konnten sie sich nicht vorstellen. Trotzdem hörte Gülbin gerne zu, wenn sie beim Basteln von Weihnachten erzählten. Und die Gewänder, die Gülbin nähte, waren die schönsten von allen.

Die zwei Krippenlieder singen und sprechen die Kinder mit verteilten Rollen. Für die Weihnachtsfeier in Benjamins Kindergarten verkleiden sich die Spieler.

Wer klopfet an?

1. Wirt:	Wer klopfet an?
Maria und Joseph:	O zwei gar arme Leut!
1. Wirt:	Was wollt Ihr denn?
Maria und Joseph:	O gebt uns Herberg heut! O durch Gottes Lieb wir bitten, eröffnet uns doch Eure Hütten!
1. Wirt:	O nein, nein, nein!
Maria und Joseph:	O lasset uns doch ein!
1. Wirt:	Es kann nicht sein.
Maria und Joseph:	Wir wollen dankbar sein.
1. Wirt:	Nein, nein, nein, es kann nicht sein. Da geht nur fort, ihr kommt nicht rein!
2. Wirt:	Wer vor der Tür?
Maria und Joseph:	Ein Weib mit ihrem Mann.
2. Wirt:	Was wollt denn ihr?

Maria und Joseph:	Hört unser Bitten an! Lasset heut bei Euch uns wohnen, Gott wird Euch schon alles lohnen!
2. Wirt:	Was zahlt ihr mir?
Maria und Joseph:	Kein Geld besitzen wir!
2. Wirt:	Dann geht von hier!
Maria und Joseph:	O öffnet uns die Tür!
2. Wirt:	Ei, macht mir kein Ungestüm, da packt euch, geht woanders hin!
3. Wirt:	Was weinet ihr?
Maria und Joseph:	Vor Kält erstarren wir.
3. Wirt:	Wer kann dafür?
Maria und Joseph:	O gebt uns doch Quartier! Überall sind wir verstoßen, jedes Tor ist uns verschlossen!
3. Wirt:	So bleibt halt drauß!
Maria und Joseph:	O öffnet uns das Haus!
3. Wirt:	Da wird nichts draus.
Maria und Joseph:	Zeigt uns ein andres Haus.
3. Wirt:	Dort geht hin zur nächsten Tür! Ich hab nicht Platz, geht nur von hier!
4. Wirt:	Da geht nur fort!
Maria und Joseph:	O Freund, wohin? wo aus?
4. Wirt:	Ein Viehstall dort!
Maria:	Geh, Joseph, nur hinaus! O mein Kind, nach Gottes Willen mußt du schon die Armut fühlen.
4. Wirt:	Jetzt packt euch fort!
Maria und Joseph:	O, dies sind harte Wort!

4. Wirt: Zum Viehstall dort!

Maria und Joseph: O, wohl ein schlechter Ort!

4. Wirt: Ei, der Ort ist gut für euch;
ihr braucht nicht viel.
Da geht nur gleich!

Joseph, lieber Joseph mein

Maria:
Joseph, lieber Joseph mein,
hilf mir wieg'n mein Kindelein,
Gott der wird dein Lohner sein,
im Himmelreich,
der Jungfrau Kind Maria.

Joseph:
Gerne, liebe Maria mein,
helf ich wiegen dein Kindelein,
Gott der wird mein Lohner sein,
im Himmelreich,
der Jungfrau Sohn Maria.

Anleitung zum Krippe bauen

MATERIAL: Modelliermasse, die an der Luft hart wird und nicht gebrannt werden muß. Goldfolie, Draht, Stoffreste, Borten und Litze, Garn, Glasperlen, Watte für Bärte, Fellstückchen, Moos, Rinde, kleine trockene Zweige, Steine, dünnes Sperrholz oder dicker Karton als Unterlage, Leisten.

Schere, Kleber, Nadel, Faden, Farbkasten, Pinsel.

Eine Obstkiste oder große trockene Baumwurzelstücke als Stall.

Evtl. kleine Glühbirnen, Batterie, Kabel.

KRIPPENBAU: Figuren 10-20 cm hoch, Drahtgestell biegen, mit Stoffstreifen umwickeln und Garn dick umschnüren.

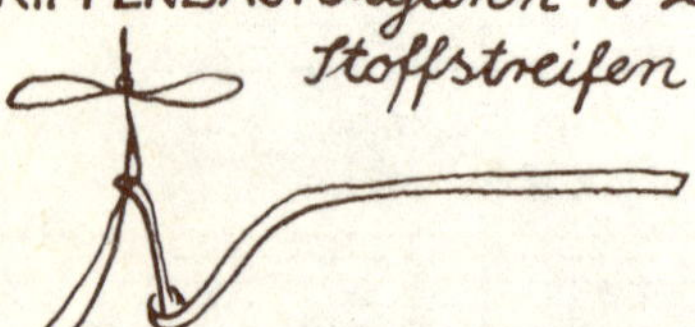

Aus Modelliermasse Köpfe, Hände, Füße formen und aufsetzen. Christkind und Tiere ohne Drahtgestell modellieren.

Mit Gewändern die Menschen einkleiden, Gewänder verzieren, Gesichter, Hände und Füße anmalen. Landschaft bauen. Evtl. Beleuchtung montieren.

21 Die Weisen aus dem Morgenland

Nachdenklich schaut Mattis auf die Krippe unterm Sternenwagen. »Eigentlich dürften Kaspar, Melchior und Balthasar noch gar nicht bei den anderen Figuren stehen«, meint er, »denn die drei Könige aus dem Morgenland kamen ja erst später in Bethlehem an.« »Die Könige gefallen mir am besten!« Nina protestiert sofort. »Nach Weihnachten ist die Krippe nicht mehr bei uns. Deshalb sollen die Könige schon jetzt dabei sein.« »Genaugenommen dürfte die ganze Krippe erst am 24. Dezember aufgestellt werden«, sagt der Vater. »Aber so streng brauchen wir uns nicht daran zu halten. Eure wandernde Krippe zeigt sehr schön die ganze Geschichte, von der uns berichtet wird. Und wir können sie ruhig auch vor Weihnachten im ganzen betrachten.«

Der Wunderstern

Hätte auch einer mehr Verstand
als wie die drei Weisen aus dem Morgenland

und ließe sich dünken, er wäre wohl nie
dem Sternlein nachgereist wie sie;

dennoch, wenn nun das Weihnachtsfest
sein Lichtlein wonniglich scheinen läßt,

fällt auch auf sein verständig Gesicht,
er mag es merken oder nicht,

ein freudiger Strahl
des Wundersternes von dazumal.

Wilhelm Busch

Babuschka und die drei Könige

Vor vielen, vielen Jahren, da stand einmal ein kleines Haus ganz allein zwischen den Wiesen und Feldern. Dort wohnte die alte Babuschka. Im Sommer sangen die Vöglein im Apfelbaum, aber im Winter war alles still. Auf den Wiesen und Feldern lag der Schnee.

An einem Wintertag fegte und putzte Babuschka wieder einmal ihr kleines Haus. Weil sie allein war und viel Zeit hatte, fegte und putzte sie oft so lange, bis es allmählich dunkel wurde. Plötzlich blieb Babuschka mitten in der Stube stehen. Durch Schnee und Wind hatte sie deutlich die Stimmen von Menschen gehört. Es mußten sehr viele sein. Babuschka hörte sie näher kommen. Als Babuschka aus dem Fenster sah, wollte sie kaum ihren Augen trauen. Da kamen zuerst drei weiße Pferde, die einen prächtig geschmückten Schlitten zogen. Drei Männer saßen in dem Schlitten. Sie waren bunt und fremdländisch angezogen. Jeder von ihnen trug eine schwere Krone, mit Edelsteinen reich verziert. Dann kamen noch viele Männer zu Pferd oder zu Fuß, es war eine lange Reihe, und die ersten standen schon vor Babuschkas kleinem Haus. Als es an die Tür klopfte, hätte Babuschka sich gern versteckt. Sie fürchtete sich und wartete lange. Dann aber zog sie den Riegel zurück und trat vor das Haus. Waren es Könige, die vor der Tür standen? Dunkel erinnerte sich Babuschka, daß man Menschen, die eine Krone trugen, Könige nannte. Waren sie streng und böse, wie man ihr erzählt hatte? Aber da lächelte einer der drei Fremden und sagte freundlich: »Fürchte dich nicht! Wir sind einem hellen Stern gefolgt und suchen den Ort, wo ein Kind geboren wurde, das uns allen Freude und Erlösung bringt. Willst du nicht mitgehen, Babuschka? Wir haben den Weg verloren im tiefen Schnee. Hilf uns den Weg wiederfinden, damit wir dem Kind unsere Gaben bringen!«

Der kurze Wintertag ging schon dem Ende zu. Babuschka sah in das Schneegestöber hinaus. »Kommt in die Stube und wärmt euch! Ich mache erst noch die Arbeit im Haus fertig. Morgen werde ich gewiß mit euch gehen.« Doch die drei Könige wandten sich ab. »Wenn du nicht mitkommen kannst, Babuschka, wir müssen gleich wieder aufbrechen. Für uns gibt es keinen Aufenthalt.«

Babuschka sah ihnen lange nach. Mit allen, die bei ihnen waren, zogen sie wieder durch Wind und Schnee über das weite Land. Babuschka war in ihr Haus zurückgekehrt und hatte die letzten Ecken saubergemacht. Noch lange aber saß sie am Tisch und dachte daran, was die drei Könige ihr von dem neugeborenen Kind erzählt hatten: daß es allen Menschen Freude und Erlösung bringen werde. »Wenn ich doch mitgegangen wäre«, dachte Babuschka, »ich hätte das auserwählte Kind mit eigenen Augen gesehen.« Und sie bereute nun, daß sie zurückgeblieben war. Auch als sie sich zum Schlafen niederlegte, fand Babuschka keine Ruhe. Sie konnte den Morgen kaum erwarten. Tief im Herzen hatte sie nur noch den einen Wunsch, das Kind zu finden und ihm Geschenke darzubringen, wie es die Könige tun wollten. Schon in der ersten Tagesfrühe machte sich Babuschka auf den Weg. Sie trug in der Reisetasche die wenigen kleinen Geschenke, die sie in ihrer Hütte gefunden hatte. Auch wenn sie nicht kostbar waren, so hoffte Babuschka doch, daß sich das Kind darüber freuen würde.

Sie trat aus dem Haus und suchte die Spuren im Schnee, die ihr den Weg der Könige zeigen sollten, aber der Wind hatte die Spuren längst verweht.

So ging sie allein und ohne Hilfe in das verschneite Land hinein, klopfte an viele Türen und fragte: »Sind drei Könige hier vorbeigekommen? Kennt ihr das auserwählte Kind und wißt ihr, wo es geboren wurde?« Aber nicht einer von allen konnte ihr Antwort geben.

Fremde Kinder spielten im Schnee. Babuschka sah ihnen gerne zu. Seitdem sie hinausgezogen war, um das eine Kind zu suchen, hatte sie alle Kinder liebgewonnen. Aber nicht lange durfte sie stehenbleiben. Babuschka wanderte weiter. Schritt für Schritt, den Stock in der Hand, wanderte sie von Dorf zu Dorf. Freundlich wurde sie aufgenommen, aber vergeblich fragte sie überall: »Wißt ihr den Weg zu dem auserwählten Kind?«

Und weiter stapfte die alte Babuschka über das schneebedeckte Land. Die Wege sind weit in diesem Land, und niemand weiß, ob sie das Kind gefunden hat. Aber die Leute erzählen, daß bis auf den heutigen Tag, wenn es Winter geworden ist, eine alte Frau durch die Straßen und Gassen geht. Sie schaut in die Stuben hinein, und manchmal finden die Kinder am anderen Tag ein kleines Geschenk auf der Fensterbank, nur eine Zuckerstange oder ein einfaches Spielzeug. Die gute alte Babuschka ist in der Dunkelheit an ihrem Haus vorbeigekommen.

Paul Schaaf

22 Überall auf den Tannenspitzen

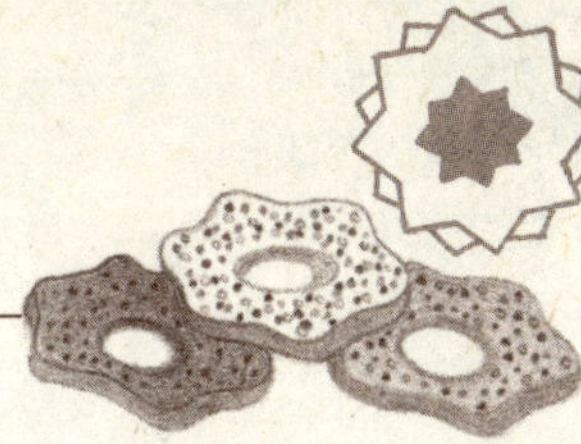

Den Weihnachtsbaum holten Mattis und der Vater gestern aus dem Wald. In der Zeitung stand, wann und wo der Förster die Bäume verkauft. Weil der Schnee von neulich längst geschmolzen und der Boden nicht gefroren war, nahmen sie einen Spaten mit. Sie wollten ihren Weihnachtsbaum ausgraben, in einen Kübel stellen und später in den Garten pflanzen. Mattis mußte lachen, als sie auf dem Parkplatz am Waldrand ankamen. Es sah aus, als würde der Wald anfangen zu wandern – so viele Leute trugen Nadelbäume daher. Die meisten Bäume waren abgesägt worden und hatten keine Wurzeln mehr. Manche Kleinwagen verschwanden fast unter dem Tannengrün.
»Schau mal, Papa, als hätte der Weihnachtsbaum Räder!«
Für die Fichte, die Mattis und der Vater später zum Wagen schleppten, mußten sie den Kofferraum bei der Heimfahrt offenlassen. Und sehr langsam mußten sie fahren, damit der Wind die Zweige nicht zerzauste. Da lachten die anderen Weihnachtsbaumholer über ihre Fuhre und winkten ihnen zu.
Nun steht der Baum in einem Kübel mit Wasser auf der Terrasse. Nina hängt einen Strohstern in die Zweige.
Was für einen schönen Baum sie haben! Jedes Jahr finden die Kinder ihren Weihnachtsbaum am allerschönsten. Doch diesmal knobelt Mattis an einem Gedanken herum.
»Können wir unseren Weihnachtsbaum nicht einmal anders schmücken?« fragt er.
»Wie anders?« fragt die Mutter zurück.
»Irgendwie anders halt. Nicht wieder so bunt.«
»Ich finde bunt aber schön!« ruft Nina.
»Ich auch! Ich auch!« schreit Benjamin.
Trotzdem wollen sie miteinander überlegen.
»Vielleicht schmücken wir nur mit Äpfeln und Strohsternen und Bienenwachskerzen«, meint Mattis, »oder mit Figuren aus alten Wachsmodeln?«
»Was haltet ihr von einem Zuckerlbaum wie bei Sofie?« schlägt die Mutter vor.
»Bei Wulfis Eltern steht eine Silbertanne bis zur Decke hoch«, erinnert der Vater, »mit violetten Kerzen und violetten Schleifen und über und über mit Lametta behängt. Wie gefällt euch das?«
»Die Sterne, Engel und Körbchen, die ich gebastelt habe, sollen wieder dranhängen, bitte«, sagt Nina.
»Und meine Ketten aus dem Kindergarten auch«, möchte Benjamin.

»Und meine Tonherzen und die Spansterne und die Kiefernzapfen«, seufzt Mattis, »und natürlich auch die Goldnüsse und der ganze andere Krimskrams. Dann ist alles so wie immer.«
Eben zündet die Mutter die Kerzen auf dem Adventsleuchter an, und zufällig schaut Mattis auf den Sternenwagen, an dem nun schon zweiundzwanzig Sterne schimmern. Da sieht er in seiner Phantasie ihren lustig bunten Weihnachtsbaum, wie er am Heiligabend funkelt und strahlt im Kerzenschein und wie er an den Feiertagen glitzert im Wintersonnenlicht. Und Mattis merkt gar nicht, daß er auf einmal lächelt.

23 Morgen, Kinder, wird's was geben

Am Tag vor dem 24. Dezember sind die Erwachsenen bereits sehr beschäftigt, und auch die Eltern von Nina, Mattis und Benjamin haben heute kaum Zeit für ihre Kinder. Das macht den dreien aber gar nichts aus, denn nachmittags kommen Amie und Großpapa angereist. Da gibt es noch einmal eine besonders gemütliche Adventsstunde! Die Großeltern loben die Kinder, weil sie die Weihnachtslieder so schön singen und spielen. Amie singt fröhlich mit, und Großpapa spielt »Morgen, Kinder, wird's was geben, morgen werden wir uns freun…« auf der Mundharmonika.
»Aber wir freuen uns heute schon«, sagt Benjamin, »weil ihr zu uns gekommen seid.« Er kuschelt sich nah zu Amie hin, und Nina und Mattis nicken. Seit die Großeltern bei ihnen sind, haben die Kinder das Gefühl, als hätte das Weihnachtsfest schon ein bißchen begonnen.

Morgen, Kinder, wird's was geben

Wie wird dann die Stube glänzen
von der großen Lichterzahl!
Schöner als bei frohen Tänzen
ein geputzter Kronensaal.
Wißt ihr noch, wie vorges Jahr
es am Heilgen Abend war?

Welch ein schöner Tag ist morgen!
Neue Freude hoffen wir,
unsre guten Eltern sorgen
lange, lange schon dafür.
O gewiß, wer sie nicht ehrt,
ist der ganzen Lust nicht wert!

Maria durch ein' Dornwald ging

Was trug Maria unter ihrem Herzen? Kyrie eleison.
Ein kleines Kindlein ohne Schmerzen,
das trug Maria unter ihrem Herzen.
Jesus und Maria.

Da haben die Dornen Rosen getragen, Kyrie eleison,
als das Kindlein durch den Wald getragen,
da haben die Dornen Rosen getragen.
Jesus und Maria.

24 Das Geheimnis des Sternenwagens

Kein Päckchen hängt mehr am Sternenwagen. Er ist jetzt beladen mit 24 Sternen. »Fliegt der Sternenwagen heute zum Himmel zurück?« fragt Benjamin. Amie lächelt. »Warten wir's ab…«

Und gerade das Warten ist so schwer! Die Stunden bis zur Bescherung scheinen endlos lang zu sein, obwohl es viel zu tun gibt den ganzen Tag. Beim Einkaufen morgens drängeln sich die Leute in den Geschäften. Die freundliche Bäckersfrau sieht richtig abgehetzt aus. Sie schenkt den Kindern drei Kugeln aus Schokolade. »Damit die Zeit bis zum Abend versüßt wird«, sagt sie. Alle Leute, die einander kennen, wünschen »Fröhliche Weihnachten« und »Schöne Feiertage« und »Ein gutes Fest«. Der Paketbote schleppt immer noch Weihnachtspakete. Tatsächlich hat er auch eins für Mattis, Nina und Benjamin. »Nicht vor dem 24. Dezember öffnen!« steht groß drauf. Der 24. Dezember beginnt schon in der Früh, und doch dürfen die Kinder es erst am Abend öffnen. Sie hängen zusammen mit Großpapa frisches Futter für die Vögel in die Birke. Dann bringen sie der netten Tante Tesche einen Weihnachtsstern und dem alten Herrn Schmid ein Buch und eine Flasche Wein. »Mit herzlichen Weihnachtsgrüßen von Mama und Papa«, sagt Nina.

Als sie wieder zu Hause sind, ist es erst Mittag. Heute essen sie nur eine Suppe, und danach hält Benjamin es nicht mehr aus. Er bimmelt mit seinem Glöckchen aus dem Sternenwagen und gibt Nina und Mattis die Geschenke, die er für sie hat. Natürlich hofft er, daß die beiden ihm jetzt auch etwas schenken. Aber Nina und Mattis wollen bis zur Bescherung warten. Sie legen Benjamins Päckchen auf die Kommode unter den Sternenwagen. Da entdecken sie eine Überraschung: Ein neues Spiel liegt dort, verziert mit ein wenig glitzerndem Lametta. Aufgeregt bummert Benjamin an die verschlossene Wohnzimmertür. Die Mutter öffnet einen Spaltbreit und lächelt. Sie weiß nicht, wer das Spiel unter den Sternenwagen gelegt hat. »Ihr könnt gern jetzt damit spielen«, sagt sie.

Benjamin möchte gern an der Mutter vorbei in das Zimmer spähen. Doch er hört nur etwas geheimnisvoll knistern und rascheln – und schon ist die Tür wieder verschlossen.

Amie und Großpapa tun ebenfalls sehr verwundert, als die Kinder ihnen das Spiel zeigen. Sie spielen es gemeinsam, bis endlich – endlich! – die Weihnachtsglocke zur Bescherung läutet.

Wie hell die Lichter strahlen! Wie festlich der Weihnachtsbaum aussieht! Mattis und Nina lesen abwechselnd die Geschichte von Christi Geburt vor, Benjamin sagt ein Gedicht auf, und alle miteinander singen Weihnachtslieder.

»Fröhliche Weihnachten!«

Ja, jetzt können sie fröhliche Weihnachten feiern.

Das Weihnachtsevangelium

Es begab sich aber zu der Zeit, daß ein Gebot vom Kaiser Augustus ausging, daß alle Welt geschätzt würde. Und diese Schätzung war die allererste und geschah zu der Zeit, da Cyrenius Landpfleger in Syrien war. Und Jedermann ging, daß er sich schätzen ließe, ein jeglicher in seine Stadt.

Da machte sich auch Joseph auf aus Galiläa, aus der Stadt Nazareth, in das jüdische Land zur Stadt Davids, die da heißt Bethlehem, darum daß er von dem Hause und Geschlechte Davids war, auf daß er sich schätzen ließe mit Maria, seinem vertrauten Weibe, die war schwanger. Und als sie daselbst waren, kam die Zeit, daß sie gebären sollte. Und sie gebar ihren ersten Sohn und wickelte ihn in Windeln und legte ihn in eine Krippe, denn sie hatten sonst keinen Raum in der Herberge.

Und es waren Hirten in derselben Gegend auf dem Felde bei den Hürden, die hüteten des Nachts ihre Herde. Und siehe, des Herrn Engel trat zu ihnen, und die Klarheit des Herrn leuchtete um sie; und sie fürchteten sich sehr. Und der Engel sprach zu ihnen: Fürchtet euch nicht! Siehe, ich verkündige euch große Freude, die allem Volk widerfahren wird; denn euch ist heute der Heiland geboren, welcher ist Christus, der Herr, in der Stadt Davids. Und das habt zum Zeichen: Ihr werdet finden das Kind in Windeln gewickelt, und in einer Krippe liegen. Und alsbald war da bei dem Engel die Menge der himmlischen Heerscharen, die lobten Gott und sprachen: Ehre sei Gott in der Höhe, und Friede auf Erden, und den Menschen ein Wohlgefallen!

Und da die Engel von ihnen gen Himmel fuhren, sprachen die Hirten untereinander: Laßt uns nun gehen gen Bethlehem, und die Geschichte sehen, die da geschehen ist, die uns der Herr kundgetan hat. Und sie kamen eilend und fanden beide, Maria und Joseph, dazu das Kind in der Krippe liegen.

Da sie es aber gesehen hatten, breiteten sie das Wort aus, welches zu ihnen von diesem Kinde gesagt war. Und alle, vor die es kam, wunderten sich der Rede, die ihnen die Hirten gesagt hatten. Maria aber behielt alle diese Worte und bewegte sie in ihrem Herzen. Und die Hirten kehrten wieder um, priesen und lobten Gott um alles, was sie gehört und gesehen hatten, wie denn zu ihnen gesagt war.

Lukas 2, 1-20

O du fröhliche

O du fröhliche, o du selige,
gnadenbringende Weihnachtszeit!
Christ ist erschienen, uns zu versühnen;
freue, freue dich, o Christenheit.

O du fröhliche, o du selige,
gnadenbringende Weihnachtszeit!
Himmlische Heere jauchzen dir Ehre.
Freue, freue dich, o Christenheit!

Spät am Abend, als die Kerzen am Weihnachtsbaum längst heruntergebrannt sind, denkt Nina noch einmal an den Sternenwagen. Vielleicht würden sie zusammen mit Amie sein Geheimnis erfahren? Nina läuft in die Diele und schaut. Der Sternenwagen ist verschwunden! Auf der Kommode steht nur die Vase mit den blühenden Barbarazweigen. »Der Sternenwagen ist nicht mehr da!« ruft Nina. Amie scheint gar nicht überrascht zu sein. »Die Adventszeit ist ja auch vorbei«, lächelt sie. »Ist der Sternenwagen jetzt zum Himmel geflogen?« fragt Benjamin. Amie lächelt wieder. »Wir können ihn ja mal am Himmel suchen...« Gemeinsam geht die ganze Familie hinaus in die Dunkelheit. Hinter vielen Fenstern entdecken sie Lichter an Christbäumen, Musik erklingt irgendwo, und die laue Luft riecht fast nach Frühling. Nach einer Weile stehen sie still und schauen zu den Sternen.
»Seht ihr?« Amie deutet auf ein funkelndes Sternbild.
Und da erkennen die Kinder hoch am Himmel den Sternenwagen.

Quellenverzeichnis

Für die Erlaubnis zum Abdruck folgender Beiträge danken wir den Autoren und Verlagen:

Werner Bergengruen, *Kaschubisches Weihnachtslied,* S. 48, aus: »Figur und Schatten«, © Verlag der Arche, Zürich

Max Bolliger, *Was du teilen kannst,* S. 38, und *Was unter dem Weihnachtsbaum liegt,* S. 47, aus: »Weißt du, warum wir lachen und weinen?«, Ernst Kaufmann Verlag, Lahr, © beim Autor

Günter Goepfert, *Auf der Ofenbank,* S. 31, aus »Münchner Weihnacht«, Wila Verlag, München, © beim Autor

Josef Guggenmos, *Am 4. Dezember,* S. 19, aus: »Ein Elefant marschiert durchs Land«, © Georg Bitter Verlag, Recklinghausen. *Dich rufen wir, Sankt Nikolaus,* S. 25, © beim Autor

Rudolf Kinau, *Unter dem Schornstein,* S. 14, aus: »Mien Wihnachtsbook«, © Quickborn-Verlag, Hamburg

James Krüss, *Die Weihnachtsmaus,* S. 44, aus: »Der Zauberer Korinthe«, Verlag Friedrich Oetinger, Hamburg, © beim Autor

Paul Schaaf, *Babuschka und die drei Könige,* S. 72, aus: »Ich und du und die ganze Welt«, hrsg. von Gertraud Middelhauve, © Gertraud Middelhauve Verlag, Köln

Jochen G. Schulz, *Das Christkind ist gerecht,* S. 59, © beim Autor

Ludwig Thoma, *Heilige Nacht,* S. 46, aus: »Ludwig Thoma in sechs Bänden«, © R. Piper & Co Verlag, München